Património Imobiliário

Referências para a Avaliação

Património Imobiliário

Referências para a Avaliação

Sidónio Pardal
Carlos Baptista Lobo
2011

PATRIMÓNIO IMOBILIÁRIO
REFERÊNCIAS PARA A AVALIAÇÃO
AUTORES
Sidónio Pardal
Carlos Baptista Lobo
EDITOR
Instituto da Construção e do Imobiliário, I.P.
DISTRIBUIDOR
EDIÇÕES ALMEDINA, S.A.
Rua Fernandes Tomás nºs 76, 78, 80
3000-167 Coimbra
Tel.: 239 851 904 · Fax: 239 851 901
www.almedina.net · editora@almedina.net
DESIGN DE CAPA
FBA.
PRÉ-IMPRESSÃO
AASA
IMPRESSÃO E ACABAMENTO
PAPELMUNDE, SMG, LDA.

Fevereiro, 2011
DEPÓSITO LEGAL
323633/11

Apesar do cuidado e rigor colocados na elaboração da presente obra, devem os diplomas legais dela constantes ser sempre objecto de confirmação com as publicações oficiais.
Toda a reprodução desta obra, por fotocópia ou outro qualquer processo, sem prévia autorização escrita do Editor, é ilícita e passível de procedimento judicial contra o infractor.

 GRUPOALMEDINA

BIBLIOTECA NACIONAL DE PORTUGAL – CATALOGAÇÃO NA PUBLICAÇÃO
PARDAL, Sidónio Costa, 1947-   , e outro
Património imobiliário : referências para a avaliação / Sidónio Pardal, Carlos Baptista Lobo.
ISBN 978-972-40-4476-7
I – LOBO, Carlos Baptista, 1971-
CDU   332
        349

NOTA DE AGRADECIMENTO

Para a elaboração deste trabalho, foi de singular utilidade a discussão sobre conceitos e práticas que instruem o tecido relacional da Economia do Território. De entre os generosos e diligentes contributos que colhemos, permita-se-nos destacar o esclarecido e empenhado apoio do Instituto da Construção e do Imobiliário (InCI), na pessoa do seu Presidente, Dr. António Flores de Andrade, do seu Vice-Presidente, Dr. Fernando Silva, do Dr. Pedro Ministro, da Eng. Ivone Nobre e da Drª Carolina Diniz.

Na investigação aplicada e na organização do livro, fomos competentemente acompanhados pela Mestre Drª Zélia Gil Pinheiro, pela Arq. Catarina Antunes e pela Eng. Marta Magalhães.

A todos expressamos a nossa gratidão.

NOTA DE APRESENTAÇÃO

O ordenamento racional e eficiente do território, a disponibilização do solo para a habitação e para as actividades económicas e mesmo a salvaguarda das prerrogativas da propriedade privada, no conjunto, dependem em boa parte de uma disciplina de mercado informada e esclarecida.

Com a publicação deste livro, é dado um substancial contributo para o estudo e a divulgação dos conceitos de valor do imobiliário, dos critérios e métodos de avaliação, assim como da importância da observação sistemática dos mercados em conjugação com a análise crítica dos conteúdos operacionais dos instrumentos de planeamento e da sua correlação com os comportamentos do mercado.

A oportunidade do tema é acentuada pelo facto de serem relativamente raras as publicações neste domínio em Portugal. Acresce, assim, a pertinência do investimento na investigação sobre o mercado imobiliário, concretamente no sentido de estimular a sua fluidez, dando resposta às necessidades sócio-territoriais e fazendo com que a propriedade imobiliária cumpra a sua função social. A avaliação é um instrumento-chave enquanto fonte de informação dos agentes do mercado, devendo pautar-se por critérios que conduzam à determinação de valores de mercado comparados com os valores razoáveis, formados e explicados numa base de custos validados pela lógica da Economia e pelos princípios de ética e de justiça social que devem informar uma política de solos.

Espero, confiante, que, com a publicação deste livro, se motivem os especialistas, académicos e profissionais, para aprofundarem o estudo e a reflexão crítica sobre a avaliação do património imobiliário, contribuindo efectivamente para o acesso mais racional e correcto ao território por parte de todos os sectores da sociedade portuguesa, seja para suprir necessidades básicas de habitação, para desenvolver empreendimentos industriais, agrícolas, florestais, turísticos e outros que robusteçam a nossa Economia, e também para assegurar a salvaguarda dos nossos recursos naturais.

A fundamentação lógica e o rigor da avaliação são uma condição para podermos evoluir, por um lado, na acção reguladora dos mercados e, por outro, na discussão da construção e do imobiliário no contexto das políticas económicas, financeiras e territoriais.

Em boa hora se promoveu o encontro entre o Instituto da Construção e do Imobiliário (InCI) e o Gabinete de Apoio da Universidade Técnica de Lisboa (Gaptec) e apraz-me realçar a qualidade do trabalho desenvolvido pelo Professor Sidónio Pardal e pelo Professor Carlos Baptista Lobo, que se revela particularmente inovador na análise relacional entre o planeamento do território, as políticas de solos, os comportamentos do mercado e a formação dos valores.

O Secretário de Estado Adjunto, das Obras Públicas e das Comunicações,

DR. PAULO CAMPOS

PREFÁCIO

Resultado de um trabalho aturado dos seus autores, este livro transporta-nos à complexidade das necessidades e dos interesses presentes no relacionamento da sociedade com o território.

O solo é um bem muito especial, cuja utilização – na medida em que contém virtualidades para influenciar, de modo determinante, a beleza paisagística e urbana com que pretendemos conviver – pode ser, e quase sempre é, decisivo para a qualidade de vida dos cidadãos e para a sustentabilidade do meio ambiente.

Incidindo mais especificamente sobre as questões da avaliação, este trabalho, estribado na reconhecida competência académica e no empenhamento cívico dos seus autores, não se limita, contudo, ao enunciado dos métodos "clássicos" da avaliação, observando que as valorações do imobiliário dependem em larga medida dos instrumentos de gestão territorial e do grau de confiança que os mesmos merecem dos diversos segmentos e agentes do mercado.

A correlação entre o valor do solo, o custo da construção, as regras de atribuição de crédito, a legislação urbanística em geral e a formação do preço final dos produtos imobiliários é um tema aqui abordado com especial pertinência.

É óbvio que estas matérias interessam ao sector da construção e do imobiliário, razão pela qual o Instituto da Construção e do Imobiliário (InCI) colabora na promoção e divulgação desta obra, com intuitos pedagógicos, esperando que o esforço dos seus autores possa prolongar-se em reflexões e debates que venham a constituir-se como um contributo de referência para o desenvolvimento da prática profissional da avaliação do património imobiliário no nosso país.

O Presidente do Instituto da Construção e do Imobiliário (InCI),

DR. ANTÓNIO FLORES DE ANDRADE

ÍNDICE

INTRODUÇÃO   15

1. Os mercados imobiliários e fundiários   19

1.1. A base territorial do imobiliário   19
1.2. Perspectiva do sector imobiliário em Portugal   22
    1.2.1. A evolução do sector desde os anos 60   22
    1.2.2. O financiamento do urbanismo na óptica municipal   29
1.3. Os mercados imobiliários   31
    1.3.1. Mercados fundiários e mercados imobiliários   31
    1.3.2. Características do mercado imobiliário   33
    1.3.3. Agentes do mercado imobiliário   33
    1.3.4. Os mercados imobiliários paralelos   34
    1.3.5. Insuficiências do mercado imobiliário   35
    1.3.6. Regulação do mercado imobiliário   40
    1.3.7. Investimento reprodutivo e não reprodutivo no imobiliário   41
1.4. A segmentação do mercado   42
    1.4.1. Conceito de segmentação   42
    1.4.2. Segmentação primária   43
    1.4.3. Segmentação no mercado imobiliário   44
    1.4.4. Divisão imprópria da propriedade   47
1.5. O Direito do Urbanismo   49
    1.5.1. A actividade urbanística pública   49
    1.5.2. A vertente económica do Direito do Urbanismo   51

2. A avaliação e os direitos da propriedade	57
2.1. Património imobiliário e propriedade imobiliária	57
2.2. A conformação do direito de propriedade pelo Direito do Urbanismo	57
2.3. A avaliação e os direitos da propriedade	59
2.4. A avaliação dos direitos	61
2.5. Interesse, utilidade, domínio e uso públicos	63
2.6. Domínio público e uso público	67
2.7. Interesses e necessidades	68
2.8. Natureza jurídica do direito a edificar	69
3. O valor do solo	75
3.1. Procura e utilidade	75
3.2. Valor, custo e preço	77
3.3. Os conceitos de valor	80
Valor de mercado	80
Valor justo	82
Valor de uso	84
Valor de rendimento	85
Valor patrimonial	86
Valor de caução	86
Valor de indemnização para expropriação	89
Valor de venda forçada	92
Valor de seguro	92
Valor líquido (*equity value*)	93
Valor de investimento	94
Valor de negócio	94
Valor intrínseco	95
Valor de base territorial (*land value*)	95
Valor fiscal ou tributário	98
Valor especial	101
3.4. Valor da propriedade rústica e valor da propriedade urbana	102
3.4.1. Prédios rústicos, urbanos e mistos	103
3.4.2. O valor do solo rústico	105
3.4.3. Termos de referência sobre o valor do solo rústico	107
3.5. Valor do solo em áreas classificadas	110
3.6. Riscos	112

3.7. Formação do valor do solo ... 113
3.8. Elementos para uma compreensão da formação do preço justo ... 118

4. Da avaliação ... 129
4.1. Conceito de avaliação ... 129
4.2. Fundamentos da avaliação ... 133
    4.2.1. Identificação da melhor e mais rentável utilização ... 134
4.3. O processo de avaliação ... 138
4.4. Métodos de avaliação ... 139
    4.4.1. Avaliação pelo método comparativo ... 139
    4.4.2. Avaliação pelo método do custo ... 142
    4.4.3. Avaliação pelo método da capitalização do rendimento ... 144
4.5. O relatório final da avaliação ... 146
4.6. Revisão de uma avaliação ... 149
4.7. Estimativa das depreciações ... 150

5. Alguns problemas de avaliação ... 155
5.1. Elementos para uma análise da perequação compensatória ... 155
    5.1.1. Mecanismos de perequação ... 158
    5.1.2. O Município e a gestão perequativa ... 162
    5.1.3. Prédios previamente configurados e indisponíveis ... 164
5.2. A propriedade de lotes em urbanizações abandonadas ... 166

NOTA FINAL ... 169
BIBLIOGRAFIA ... 171

INTRODUÇÃO

As relações da sociedade com o território requerem dos peritos avaliadores um trabalho de elevada responsabilidade e complexidade, particularmente exigente em informação e alicerçado numa capacidade interpretativa, de prognose e de juízo crítico que sustente as opiniões que lhes são solicitadas sobre valores de prédios.

Impõe-se promover a investigação teórica para tornar os conceitos mais claros e precisos e desenvolver métodos que melhorem a fundamentação, a coerência e o profissionalismo das práticas de avaliação. A formação permanente, através da difusão de conhecimentos actualizados e o respeito por um código de princípios de actuação profissional são indispensáveis para alicerçar o reconhecimento das competências dos peritos avaliadores, aprofundando a sua liberdade individual de análise e de conclusão opinativa.

O perito avaliador é um profissional especializado, habilitado, de preferência através de uma acreditação, com experiência e conhecimento do mercado, do país e da região onde é chamado a desenvolver trabalhos de avaliação. Por imperativo deontológico, cada perito deve orientar-se por princípios de imparcialidade e independência relativamente aos critérios, juízos, recomendações ou considerações de outras entidades e mesmo de outros peritos, inclusive quando trabalham em conjunto no mesmo caso de avaliação.

É necessário que o perito avaliador possua um amplo conhecimento sobre as múltiplas formas de apropriação e utilização dos espaços territoriais, envolvendo, por um lado, a sua produção e comercialização e, por outro, as exigências e encargos associados à sua conservação, salvaguarda e valorização. O perito avaliador deve possuir a cultura que o habilite a exercer uma crítica sobre os comportamentos do mercado, de modo a poder preservar uma independência esclarecida, que será da maior utilidade na formação das suas opiniões ou aconselhamentos sobre os valores do imobiliário e também aquando da elaboração de reavaliações. A prática da avaliação não prescinde ainda de um serviço de recolha de dados e de produção de informação fidedigna e disponível.

Em Portugal, onde a prática da avaliação tem estado limitada à elaboração de estimativas sobre o valor de transacções e operações económicas, financeiras ou fiscais sobre prédios rústicos ou urbanos, seria, porventura, pertinente abrir dois novos patamares ou frentes de trabalho:

- Recolha, organização e disponibilização de informação sobre os valores do imobiliário e avaliação crítica das componentes que estruturam e compõem os diversos tipos de valores, preços e custos praticados no mercado e na economia do território em geral. Esta tarefa tem por objectivo monitorizar as dinâmicas e comportamentos dos diversos sectores do mercado e observar as relações entre a oferta e a procura, de modo a acautelar a formação de situações anormais que ponham em risco o normal funcionamento do mercado em geral e, em particular, das instituições financeiras ligadas ao crédito hipotecário. A publicação regular de "cartas de preços" e respectivas avaliações críticas poderia fazer parte deste domínio da actividade de avaliação.

Para facultar ao mercado uma informação fidedigna, seria importante que ao nível municipal fossem produzidas as cartas de preços reais efectivamente praticadas no mercado. Após uma análise crítica sobre essa carta, observando os valores pedidos pela oferta e os valores razoáveis na perspectiva da procura, numa terceira etapa, estes dados deveriam informar os planos territoriais como instrumentos reguladores do mercado.

- Avaliação estratégica dos valores do solo e do imobiliário no âmbito dos instrumentos de planeamento do território, que permita a aferição dos efeitos daqueles sobre o mercado imobiliário. A inclusão desta componente nos planos territoriais teria por consequência assumir o papel do planeamento enquanto regulador do mercado, contribuindo para a maior transparência e eficácia dos planos enquanto instrumentos de política de solos. Para tal seria necessário que os planos incluíssem informação sobre a dinâmica dos valores associada às alterações dos usos do solo e às parametrizações urbanísticas por eles definidas[1].

---

[1] O livro *Políticas de Solos no Planeamento Municipal*, da autoria do Professor Paulo V. D. Correia, é, a bem dizer, a primeira obra de um autor português a tratar de uma forma erudita a questão do valor do solo e do mercado imobiliário segundo uma perspectiva urbanística integrada no processo de planeamento do território. Os estudos e publicações anteriores relativos à teoria da formação do preço do solo foram desenvolvidos no âmbito mais restrito da economia agrária e florestal, destacando-se o trabalho do Professor Henrique de Barros.

1. Os mercados imobiliários e fundiários

1.1. A base territorial do imobiliário

O solo é um recurso onde é sempre possível projectar um sentido útil. Contudo, no contexto dos espaços silvestres em geral e das explorações florestais e agrícolas, o solo tem a particularidade de ser um bem de produção onde a própria terra, na sua vertente pedológica, é uma matéria-prima que se incorpora no produto.

No caso dos produtos imobiliários assentes no espaço edificado, o solo é ocupado, usado e utilizado com funções substancialmente diferentes daquelas que ocorrem na exploração agro-florestal, e esse aspecto deve ser observado no planeamento do território a fim de estabelecer uma saudável e clara segmentação do mercado fundiário, impedindo que o preço do solo agrícola e florestal seja inflacionado por procuras estranhas ao sector. Estas procuras deslocadas e especulativas, para além de provocarem sérios problemas no sistema financeiro, desordenam o território e impedem o normal funcionamento do mercado de solos. Daí a importância de uma informação esclarecedora sobre os preços normais dos solos agrícolas e florestais, os quais devem necessariamente ter uma correspondência com a renda fundiária suportável pelo empresário no âmbito da economia da própria exploração (sem prejuízo de que localmente se forme uma procura afectiva e de vilegiatura que compra solo agro-florestal acima do valor de rendimento e que mantém uma actividade produtiva no respeito pelos usos agrícola e florestal).

Para emprestar maior clareza à linguagem, tem sentido associarmos o mercado fundiário ao domínio das transacções dos solos rústicos, reservando a designação de mercado imobiliário para o universo dos prédios urbanos onde, em princípio, domina o espaço edificado.

A propriedade imobiliária configura-se com base num conjunto de direitos reais e de prerrogativas que definem o âmbito do domínio, da posse, da fruição e da exploração do património em causa.

Cada parcela do território tem um enquadramento geográfico que influencia e sustenta o seu valor. A organização geográfica resulta da combinação de um conjunto de factores onde se destacam as características geomorfológicas que configuram maiores ou menores limitações ao povoamento, às actividades económicas, à acessibilidade e à centralidade relativamente à rede urbana.

O ordenamento do território é um resultado cultural que reflecte a sensibilidade dos povos, o grau de desenvolvimento das instituições e o seu desempenho sócio-económico. De entre os factores determinantes dos valores do solo avultam a política de disponibilização do solo para as suas funções sociais, a distribuição dos usos do solo, a estrutura dos aglomerados urbanos, as características demográficas, a divisão cadastral e a racionalidade e desempenho das redes. Ressalve-se, no entanto, que o preço do solo e a sua disponibilidade efectiva justificam uma atenta regulação para corresponder às necessidades sociais, salvaguardar a segurança do sistema financeiro e fomentar o normal funcionamento do próprio mercado. Essa regulação tem de ser alicerçada em planos territoriais merecedores de confiança e numa política de solo onde prevaleçam direitos fundamentais, como o direito à propriedade e à habitação a preços justos, assim como à utilização racional do solo no quadro das actividades económicas e da salvaguarda dos recursos naturais.

A incerteza e a falta de confiança nos planos inflacionam o valor do solo. Deve ser consciencializado o facto de que a presença territorial é uma condição natural de primeira ordem, sendo mais do que um direito fundamental e, por isso, não se podem configurar directivas, planos e práticas administrativas abusivas que entrem em confronto com a normal presença das pessoas no mundo, sob pena de se perder a razão, prejudicar o desenvolvimento económico e enveredar fatalmente pela legitimação de "práticas clandestinas" que se impõem como factos consumados[2].

---

[2] Este fenómeno é patente na legislação que consagra mecanismos de legalização das áreas urbanas de génese ilegal, que pragmaticamente claudica perante os loteamentos clandestinos.

O solo é um recurso partilhado por toda a comunidade e, portanto, o seu ordenamento é uma competência assegurada pelo Estado e pelos Municípios[3] necessariamente exercida na esfera do interesse público, concertada no respeito pelo direito de propriedade e numa base de cooperação, já que é a população, na utilização quotidiana e normal do território, que produz a riqueza que sustenta o país. A indisponibilidade do solo é uma causa de improdutividade, de perdas económicas e de inflação do preço do solo, o que, no conjunto, cria uma desorientação no mercado fundiário e imobiliário.

A plena utilização do solo no âmbito do uso correctamente estabelecido significa que todos os recursos da estrutura fundiária do país estão a ser conduzidos, explorados ou simplesmente conservados. Significa ainda que o solo produtivo está a ser trabalhado para proporcionar o desejado rendimento.

A prosperidade económica e o conforto das empresas e das famílias requerem um normal acesso ao território a preços moderados. O sector da construção civil e todas as actividades que lhe estão directa ou indirectamente associadas são gravemente prejudicados pela especulação fundiária. O desagravamento do preço do solo revela-se como um incentivo ao desenvolvimento económico, na medida em que aumenta a capacidade de investimento das empresas que precisam de comprar solo para poder laborar e, no caso de solo ocupado por prédios degradados e vazios, tem também o efeito de estimular o mercado imobiliário, proporcionando mais margem ao sector da construção civil, que encontrará na conservação e na reabilitação uma permanente fonte de actividade.

O equilíbrio entre a oferta e a procura contribui para a fluidez do mercado imobiliário e ambos dependem da aproximação dos valores de mercado aos valores de rendimento. O factor mais incerto na determinação do custo do produto imobiliário é o preço do solo, o qual deve ser separado e confrontado com as margens de lucro aceitáveis da operação. A sustentação do parque imobiliário em boas condições de conservação é um objectivo político e constitui uma garantia segura para manter a regular actividade do sector da construção civil. A reabilitação tem sido dificultada ou mesmo impedida

---

[3] O aparelho administrativo e mesmo os órgãos políticos do Estado e dos Municípios não deixam de estar sujeitos à inteligibilidade subjectiva das pessoas e grupos que neles operam e, nessa medida, não está garantido que estas instituições actuem necessariamente com base no interesse público, nem que tenham o exclusivo do protagonismo e da defesa da causa pública.

pela indisponibilidade de grande número de prédios degradados e abandonados, cujos proprietários não têm interesse em colocar no mercado, alimentando expectativas de valor absurdamente elevadas e diferidas para um momento indeterminado. Pesam também como obstáculos à reabilitação o efeito ainda presente e expressivo do congelamento das rendas e a irracionalidade instalada nos procedimentos burocráticos de licenciamento de obras, tolhidos por preconceitos arquitectónicos a tal ponto disfuncionais que desmotivam o investimento e a procura neste segmento da reabilitação de imóveis degradados. A remoção destes escolhos permitiria reduzir ou quase anular a subsidiação pública à reabilitação, a qual seria facilmente dinamizada pelo investimento privado, permitindo ao Estado centrar as ajudas nos segmentos mais carenciados da habitação social integrada em bairros gentrificados. Note-se que estas ajudas não devem ser confundidas com o necessário investimento público na promoção urbanística de lotes para todos os segmentos da procura e na construção de edifícios para arrendamento de oferta pública, praticando rendas normais a valores justos de mercado. Este investimento público, para além de assegurar a ordem e qualidade da urbanização, proporcionaria também a solvência da intervenção pública e contribuiria de forma determinante para a regulação do mercado.

O território deve, por princípio, tender para um mosaico de usos do solo estável, onde as alterações de uso sejam a excepção que se desenvolve no quadro de uma procedimentalização urbanística, atenta às vertentes económica, jurídica e administrativa, com explicitação dos interesses em jogo e transparência na formação e distribuição de mais-valias. Esta procedimentalização é fundamental para assegurar previsibilidade, confiança e rigor à determinação dos valores do solo.

A estrutura fundiária, o regime de divisão da propriedade e a constituição das prerrogativas relativas aos direitos de uso, de construção e de utilização para cada parcela constituem uma outra família de factores mais distintos e específicos na determinação do valor de cada prédio.

1.2. Perspectiva do sector imobiliário em Portugal

1.2.1. A evolução do sector desde os anos 60

Para se compreender a realidade actual do planeamento do território e do mercado imobiliário é necessário recuar pelo menos a 1934, quando o

Decreto-Lei nº 24 802 estabelece que «*para facilitar a execução dos planos de urbanização o Governo poderá decretar, a requerimento das câmaras municipais, a expropriação, por zonas, das áreas necessárias*» (cfr. art. 16º). O legislador assume que o acto de urbanizar é uma competência eminentemente municipal e determina que os terrenos rústicos que o Município considera necessários para a expansão dos aglomerados urbanos possam ser expropriados para execução dos planos de urbanização das sedes de concelhos, aquisição que seria feita, nos termos do direito das expropriações então vigente, pelo seu valor de rendimento enquanto solos agrícolas ou florestais.

Após a morte de Duarte Pacheco, este diploma é alterado e passa a ter a redacção que lhe é dada pelo Decreto-Lei nº 33 921, de 5 de Setembro de 1944. A substância da alteração incide sobre o critério de determinação do valor da indemnização a atribuir aos proprietários de solos rústicos expropriados por interesse público para serem urbanizados pelo Município. Enquanto o diploma de 1934 considerava que esse era apenas o valor de rendimento agrícola ou florestal, acrescido do valor das benfeitorias realizadas em data anterior à da declaração de utilidade pública, com a nova lei, os proprietários passam a ter direito, «(...) *além do preço de expropriação,* (a) *uma participação até 20 por cento na valorização dos terrenos sobrantes*» (cfr. art. 26º). Assim, os proprietários passam a poder beneficiar até 20% das mais-valias simples geradas. Esta disposição implica que a partir desta data os planos de urbanização e as operações de loteamento passem a incluir, como parte integrante do seu conteúdo, o cálculo e a explicitação das mais-valias.

Empreendimentos como os bairros de Alvalade e do Restelo, entre outros, demonstram uma prática urbanística evoluída, realizada no âmbito dos serviços públicos do Estado e de alguns Municípios, reunindo uma capacidade de planeamento e de gestão exemplar que criou estruturas de bairro completas. O Município assumia uma intervenção dinamizadora do mercado, com oferta de produtos imobiliários muito diversificados e destinados a todos os segmentos da procura, a preços razoáveis, blindados por uma eficaz regulação do mercado[4]. Esta política favoreceu as actividades de promoção imobiliária e de construção civil e o investimento em prédios de rendi-

---

[4] Nos anos 60, apartamentos da Av. de Roma de cinco assoalhadas e com garagem eram colocados pelos promotores privados no mercado de arrendamento com rendas limitadas de 1110 escudos, o que corresponderia hoje a cerca de 400 euros.

mento e teve como resultado a disponibilização aos utilizadores finais de espaço edificado de qualidade e a bom preço. É certo que este empenho ocorreu principalmente em Lisboa (e também com alguma expressão no Porto e em algumas capitais de distrito), uma vez que o crescimento se centrava principalmente em Lisboa e arredores e o restante país não registava grande dinâmica urbanística, mantendo-se quase parado na sua ruralidade. Nos anos 60, havia ainda mais de 30% da população activa no sector primário.

Dentro deste quadro, o país, até 1960, teve um desenvolvimento urbano relativamente controlado, não obstante o facto de terem sido raros os Municípios que elaboraram os planos urbanísticos a que eram obrigados por lei e de haver grandes défices nas redes de infra-estruturas e serviços.

Nos anos 60, principalmente na Área Metropolitana de Lisboa, verifica-se um surto de "urbanizações" e construções ilegais, muitas das quais com edifícios de habitação colectiva sem qualquer suporte infra-estrutural. Tomando consciência destes factos, que constituíam situações críticas de desordenamento territorial e de insegurança, o legislador propõe corrigi-los mas, curiosamente, actua da pior forma e falha, vejamos como:

O preâmbulo do Decreto-Lei nº 46 673, de 29 de Novembro de 1965, constata as patologias existentes, mostrando que o legislador tinha uma correcta consciência da situação, ao denunciar que «*em várias regiões do País (...) tem sido verificada, com frequência crescente, actividade especulativa de indivíduos ou de empresas para o efeito constituídas, visando o aproveitamento indiscriminado de terrenos para a construção urbana. Assim, têm vindo a formar-se, por vezes através de operações muito vultosas, aglomerados populacionais criados sem sujeição a qualquer disciplina, os quais prejudicam ou contrariam os planos oficiais para o aproveitamento dessas regiões*»[5].

Contudo, surpreendentemente, o preceituado legal ignora a crítica feita no preâmbulo e, em vez de serem criados os instrumentos para corrigir a situação, o legislador faz o contrário, dando enquadramento legal aos procedimentos errados que são referidos. Desta forma, institui a figura do loteamento particular e abandona a parametrização e distribuição das mais-valias, o que, na prática, teve por resultado estas passarem a ser integralmente apro-

---

[5] Dada a relevância histórica deste diploma, repete-se aqui esta referência, já anteriormente apresentada no livro PARDAL, Sidónio – *A Apropriação do Território. Crítica aos Diplomas da RAN e da REN*. Lisboa: Ordem dos Engenheiros, 2006 (N.A.).

priadas pelo proprietário do solo rústico e confundidas com os lucros e prejuízos das empresas promotoras. Ao mesmo tempo, os loteamentos passam a ser realizados à margem de qualquer plano de urbanização, criando uma fragmentação e a dispersão do crescimento urbano.

A criação do Fundo de Fomento da Habitação (FFH), nos finais dos anos 60, vem na linha da política iniciada com a lei de 1965. As competências do FFH são quase confinadas à habitação social, sendo-lhe interdito promover oferta de construção para outras utilizações que não estritamente habitação para uma procura economicamente muito carenciada, com excepção dos apoios dados às cooperativas de habitação[6].

Os empreendimentos promovidos pelo FFH caracterizavam-se por uma quase monofuncionalidade habitacional destinada a famílias insolventes ou com muito poucos recursos. Estes "bairros" não possuíam espaços para comércio, escritórios ou outras valências necessárias à sustentação da vida quotidiana normal de uma unidade de vizinhança urbana. Estas condicionantes programáticas tiveram fatalmente como resultado a construção de bairros-dormitório, disfuncionais e de forte exclusão social. Sob o ponto de vista financeiro, o resultado também não poderia ser promissor, já que os empreendimentos do FFH não colocavam quaisquer produtos no mercado livre e solvente, investindo quase a fundo perdido, o que era, naturalmente, insustentável.

Abandona-se, assim, o modelo da expansão urbana estruturada por unidades de bairro e entra-se num processo de separação entre as urbanizações privadas dirigidas aos estratos mais solventes da procura e os bairros de habitação social promovidos pelo Estado e pelos Municípios e exclusivamente destinados a famílias economicamente mais fragilizadas. Todas estas urbanizações, públicas e privadas, localizaram-se de uma forma muito aleatória em função da posse ou da oportunidade de compra de solo rústico por parte das entidades promotoras, geralmente condicionadas à escala e à geometria do parcelário rústico e sem cuidados de articulação e integração com o tecido urbano pré-existente. Surge assim o período das operações de loteamento avulsas, de onde resultou uma forte desqualificação urbana, com repercussão na sustentação do valor de investimento no imobiliário.

---

[6] O sector das cooperativas de habitação desenvolveu-se com uma lógica paralela ao mercado imobiliário, mercê dos singulares apoios de acesso ao solo e de financiamento que o Estado, nomeadamente através do FFH, lhe facultou.

Ainda em meados dos anos 60, a consagração legal do regime da propriedade horizontal trouxe profundas alterações ao funcionamento do mercado imobiliário. A partir de então, os prédios de habitação colectiva passam a poder ser comercializados por fracções autónomas, deixando de ser quase obrigatoriamente dirigidos ao mercado de arrendamento. Surge, assim, o novo mercado de venda de apartamentos, crescentemente apoiado pela abertura generalizada do crédito hipotecário.

Em síntese, os principais problemas que afectaram o mercado imobiliário depois de 1965 foram os seguintes:

- Alteração da legislação e da prática urbanística, abrindo de uma forma errada as operações de loteamento à iniciativa dos particulares, sem apoio em planos de urbanização. O crescimento urbano ficou desde então dependente da iniciativa privada e de pareceres e critérios subjectivos dos serviços técnicos da Administração Pública, dando origem ao desordenamento das periferias urbanas com urbanizações avulsas.
- Fim da retenção ou, pelo menos, da procedimentalização das mais-valias, formalmente exigida na legislação anterior a 1965. Os serviços de administração urbanística, na prática, passaram a decidir dar ou sonegar mais-valias avultadas à margem de qualquer explicitação ou procedimentalização.
- Surto de parcelamentos ilegais recorrendo à figura dos avós indivisos e consequente proliferação de habitação clandestina, sem apoio em redes de infra-estruturas.
- Multiplicação descontrolada da construção dispersa, com agravamento dos problemas de mobilidade das populações. A dispersão do povoamento é uma causa directa da disfunção e do aumento de custo dos transportes, nomeadamente do transporte escolar e dos incómodos das perdas de tempo e de rendimento do trabalho.
- Decadência dos tecidos urbanos mais antigos, devido ao congelamento das rendas e à crescente sobrevalorização do solo, com incremento superior ao valor de rendimento ou à taxa de juro de capital. Esta situação explica, em boa parte, a profusão dos prédios abandonados e em estado de ruína por todo o país.
- Entre 1970 e 2003, período marcado por forte inflação monetária, o investimento no imobiliário constituiu uma atraente forma de entesouramento e de refúgio de poupanças, o que estimulou o aumento significativo da procura e consequentemente da oferta, sem informa-

ção e monitorização crítica do mercado. Esta dinâmica explica a situação actual de excedentes, que, a nível nacional, se estimam em mais de 220 000 fogos novos e em, pelo menos, 700 000 prédios urbanos devolutos e em estado de ruína. Não obstante a existência destes excedentes, uma grande parte da população, mesmo da classe média, não tem as suas necessidades habitacionais bem resolvidas, continuando a faltar no mercado oferta a preços razoáveis e com qualidade arquitectónica e urbanística.

É de toda a conveniência aferir a organização da informação estatística para permitir uma leitura em tempo real dos seguintes dados, por concelho e por aglomerado urbano:

- Nº de prédios urbanos existentes, desdobrando-os em função da sua utilização (habitação, escritórios, comércio, indústria, turismo, serviços públicos, etc.);
- Distinção entre os prédios urbanos que estão a ser utilizados, aqueles que se encontram devolutos mas em bom estado de conservação e prontos para serem utilizados, e aqueles que estão abandonados, degradados e em estado de ruína. De entre aqueles que estão ocupados e em utilização é importante distinguir os que estão em bom estado de conservação dos que apresentam sinais de degradação. Perante estes dados poderá determinar-se qual a margem de prédios urbanos existentes, não aproveitados e que deveriam ser reabilitados antes de se investir na expansão urbana;
- Os espaços rústicos urbanizáveis localizados dentro do perímetro urbano e os espaços urbanizáveis localizados fora do perímetro urbano, observando os índices e parâmetros urbanísticos de cada um deles;
- De entre os prédios urbanos devolutos, é importante distinguir os prédios novos dos prédios usados;
- Outra informação muito importante diz respeito às urbanizações em curso, distinguindo as que estão em apreciação daquelas que foram aprovadas e que estão em processo de desenvolvimento, distinguindo as licenciadas daquelas que já levantaram a licença não obstante terem sido aprovadas. Relativamente às urbanizações cujas infra-estruturas já foram realizadas, é importante verificar se estas já foram ou não recebidas pelo Município;

- Relativamente a cada urbanização realizada, é importante distinguir os lotes onde já foi efectuada a construção daqueles lotes que se mantêm expectantes com uma capacidade de construção potenciada.

Este conjunto de dados é importante para se compreender a base de sustentação local do mercado imobiliário.
- Abandono do controlo dos perímetros urbanos e das políticas de ordenamento agrícola e florestal, substituindo-os por regimes espúrios como a RAN e a REN, perdendo-se a referência fundamental da arrumação e condução específica dos usos do solo.
- Os proprietários que até ao ano 2000 compraram casa recorrendo ao crédito viram o valor de mercado dos imóveis aumentar muito acima da taxa de inflação, o que naturalmente constituiu um estímulo às decisões de compra por motivos especulativos, induzindo uma resposta descontrolada da oferta com o risco de produzir excedentes problemáticos.
- As urbanizações exploraram ao máximo os índices de construção e o número de fogos autorizados, praticando densidades excessivas, sempre com sacrifício dos espaços livres públicos e dos logradouros e jardins particulares. Raramente se atendeu às necessidades normais de espaço de estacionamento público e privado, criando disfunções e situações de conflito que hoje saem muito caras aos cidadãos, duplamente vitimados pelos erros de desenho e de composição urbana e pelos preços exorbitantes cobrados pela exploração comercial do estacionamento.

No longo período que medeia entre os fins dos anos 60 e 2008, registou-se uma permanente e acentuada valorização fundiária, a ponto de ser mais compensador manter os prédios devolutos, mesmo em estado de ruína, disponíveis para entrar no mercado a qualquer momento, do que reabilitá-los para vender ou arrendar. A taxa de valorização potencial do solo apresentou-se sempre muito elevada, superando francamente a taxa de rendimento líquido ou mesmo bruto correspondente à renda, com a agravante de o prédio sofrer uma forte desvalorização no mercado caso fosse arrendado. Esta realidade explica o estado de degradação e de abandono de uma grande parte do parque imobiliário e de prédios rústicos e está também na origem das dificuldades enfrentadas pelas políticas de reabilitação urbana.

Os centros históricos e os bairros tradicionais definham e apresentam uma imagem negativa, com um elevado número de prédios em estado de ruína, o que é traduzido em termos estatísticos na perda de população no tecido das principais cidades[7]. Ao mesmo tempo, paradoxalmente, crescem novos bairros-dormitório em periferias desqualificadas, acentuando a suburbanidade com penosos movimentos pendulares casa-trabalho. As motivações e os interesses subjacentes à degradação e abandono do património imobiliário dentro dos centros urbanos estão na origem de expansões urbanas deslocadas e desnecessárias nas periferias dos aglomerados. O urbanismo é preterido pelo domínio de projectos sectoriais de vias com traçados brutalistas, desligados do desenho e da composição urbana.

Recomenda-se, portanto, a recuperação do conceito clássico do bairro como unidade de vizinhança alicerçada no sentido de comunidade socialmente estruturada e integrada numa rede de centralidades urbanas equilibradamente hierarquizada e apoiada num sistema de transportes e de mercado imobiliário que facilite e favoreça a mobilidade.

1.2.2. O financiamento do urbanismo na óptica municipal

Em Portugal, numa perspectiva financeira, a actividade urbanística tem sido altamente prejudicial para os Municípios desde que estes perderam a retenção das mais-valias simples em 1965, sendo esta perda de controlo urbanístico e de receita evidente mesmo que se considerem as colectas das taxas de urbanização. As receitas municipais provenientes do licenciamento de urbanizações e construções foram expressivas em Portugal nas últimas décadas devido ao facto de o país ter atravessado uma fase de crescimento urbano conjuntural. Muito embora a aprovação de urbanizações permita aos Municípios alguma arrecadação de receita, com a cobrança das taxas associadas, essas receitas pontuais não cobrem os encargos fixos que o Município passa a assumir com a recepção das infra-estruturas da urbanização, cuja conservação fica a seu cargo.

Efectivamente, o resultado financeiro da urbanização para os Municípios tem sido de tal forma sobrestimado que os organismos públicos responsá-

---

[7] Lisboa perdeu mais de duzentos mil habitantes nos últimos quarenta anos e o Porto cerca de cem mil. Em qualquer destas cidades há milhares de prédios devolutos e em estado de ruína, com expectativas de valor de tal modo elevadas que praticamente os colocam fora do mercado.

veis[8] ignoram a real equação financeira da actividade urbanística, reduzindo a gestão urbanística aos proveitos de caixa no momento do licenciamento. Esta visão limitada e viciada tem um impacto extremamente gravoso no essencial da imagem urbana, consubstanciada na composição arquitectónica, e também no desenvolvimento eficiente da própria actividade administrativa. O resultado destas disfunções é visível aos olhos de todos.

Perante a actual situação de estagnação, se nada de criativo for concretizado, os níveis de receitas directas provenientes da promoção urbanística e da construção reduzir-se-ão drasticamente num futuro próximo, o que colocará enormes problemas aos Municípios, que foram colocados numa situação de total dependência deste tipo de receitas[9]. A avidez da promoção espe-

---

[8] Tendo em consideração o princípio da descentralização, a actividade urbanística é historicamente cometida aos Municípios, uma vez que serão essas entidades que estarão em melhores condições para a desenvolver, dada a relação de maior proximidade com as populações e com o território. No entanto, actualmente, e atendendo ao desenvolvimento factual de áreas metropolitanas, deverão ser criados organismos de coordenação urbanística, sob pena das disfunções actuais se continuarem a agravar. Efectivamente, o princípio da descentralização na decisão pública advoga, por razões de eficiência, que a decisão seja tomada o mais próximo possível dos seus destinatários, mas, se a decisão for mais eficiente num nível mais elevado atendendo aos condicionalismos mais abrangentes que a condicionam, então deverá ser tomada nesse grau [cfr. FRANCO, António L. de Sousa – *Finanças Públicas e Direito Financeiro*. Vol. I, 4ª edição. Coimbra: Almedina, pp. 74 e ss.; ARAÚJO, Fernando – *Introdução à Economia*. Vol. II, 2ª edição. Coimbra: Almedina, 2004, pp. 1040 e ss.; MUSGRAVE, Richard A.; MUSGRAVE, Peggy B. – *Public Finance in Theory and Practice*. 5th edition. McGraw-Hill, 1989, pp. 87 e ss.].

[9] As autarquias locais sentem actualmente constrangimentos financeiros gravíssimos que podem colocar em causa a sua solvabilidade num futuro muito próximo e que as tornam particularmente sensíveis a todas as possibilidades de maximização dos níveis de receita de curto prazo. A demonstração deste verdadeiro "estado de necessidade" ao nível da despesa é bastante fácil, dado: (1) o aumento da despesa autárquica proveniente do alargamento de competências autárquicas; (2) o aumento da despesa autárquica proveniente do aumento da dimensão dos corpos administrativos de suporte à decisão autárquica; (3) o aumento da despesa autárquica decorrente do enorme esforço de investimento realizado nos últimos anos na criação de infra-estruturas públicas que agora necessitam de manutenção; (4) o desenvolvimento e a implementação de um princípio de descentralização alargado; (5) o aumento de exigência por parte dos munícipes ao nível da prestação dos serviços pelos Municípios; (6) a redução do investimento público por parte da Administração Central, que necessita de ser compensada por investimento autárquico.

No entanto, este movimento de expansão da despesa depara-se com uma tendência totalmente inversa do lado da receita decorrente: (1) do esgotamento do modelo tradicional de financiamento autárquico; (2) da redução significativa da taxa de crescimento dos impostos

culativa convida à maximização desregrada da carga urbanística, na maioria das vezes de forma desproporcionada face ao crescimento demográfico e às necessidades reais do mercado. Neste campo, torna-se essencial uma reformulação do sistema de financiamento do urbanismo. Esta reforma não se basta com o aperfeiçoamento das normas relativas às taxas urbanísticas e à própria tributação do património, as quais, não obstante, carecem de uma fundamentação mais rigorosa e de maior razoabilidade em respeito pelo contribuinte e pelo direito da propriedade.

A dependência dos Municípios em relação às receitas da actividade urbanística e a sua desadequação dogmática constituem um risco a evitar. Em alternativa, o Município deve optar por um orçamento equilibrado, ajustado à sua dimensão e alicerçado em fontes de receita regulares e em correspondência com serviços efectivamente prestados. Os Municípios onde existe maior concentração populacional tendem a ter encargos acrescidos relativamente a outros municípios onde predomina o espaço rústico com uma população mais reduzida. Embora a suposta desvantagem destes últimos seja muito relativa, pode ter sentido considerar, a nível regional e nacional, alguma compensação aos Municípios, cujo território se encontre em grande parte condicionado por regimes de classificação para protecção de valores naturais e culturais e outras restrições de utilidade pública devidamente fundamentadas.

1.3. Os mercados imobiliários

1.3.1. Mercados fundiários e mercados imobiliários

Todo o território se encontra de alguma forma apropriado e distribuído em espaços do domínio público e espaços que podem ser objecto de propriedade privada, de particulares ou de entidades públicas, constituindo prédios que estão no comércio jurídico.

---

locais (Contribuição Autárquica/IMI, Impostos Municipal de Sisa/IMT, Imposto sobre os Veículos); (3) da limitação da possibilidade de endividamento por via da Lei da Estabilidade Orçamental (Lei Orgânica nº 2/2002) e das sucessivas Leis do Orçamento do Estado desde 2002; (4) da redução das transferências proveniente do Orçamento do Estado, tendo em consideração a derrogação aos princípios estatuídos na Lei das Finanças Locais pela mesma Lei Orgânica nº 2/2002.

Cada parcela do território é única na sua localização e na sua composição geomórfica e tem um carácter estático, localizado, o que significa que não é passível de ser deslocada. A disponibilidade de solo e as suas capacidades de uso são limitadas. O solo, em princípio, tem um carácter durável, não se deprecia nem se desgasta como um produto consumível, mas pode ser desvalorizado por obras desadequadas, más práticas ou degradação da zona onde se localiza o prédio.

O mercado imobiliário não é globalizável, tendo uma segmentação por usos e por tipos de propriedade que atraem grupos diferentes de interessados. Há, no entanto, agentes de mercado do lado das ofertas e das procuras que operam a um nível quase mundial, investindo quer em imobiliário urbano, quer em solos agrícolas e florestais a grande escala. O investimento imobiliário no turismo regista também uma crescente mobilidade geográfica.

O mercado fundiário ou mercado de terrenos rústicos corresponde aos prédios com uso silvestre ou agrícola e onde estão implantados apenas os edifícios afectos à respectiva exploração agrícola ou florestal. Este mercado fundiário distingue-se do mercado imobiliário, que diz respeito aos prédios cujo sentido principal de utilização advém das estruturas edificadas que os ocupam.

Há diversos mercados fundiários e imobiliários, cada um com lógicas próprias. As relações entre estes mercados são muitas vezes desencontradas com os usos do solo atribuídos, apostando em mudanças de regras de planeamento e na alteração dos planos territoriais. Não sendo razoável defender que, por princípio, os planos não possam ser alterados, há que reconhecer, no entanto, a imperiosa necessidade de procedimentalizar as suas alterações, blindando o processo de forma a neutralizar a acção de interesses impróprios visando a formação e a apropriação de mais-valias simples.

Quando o mercado tem mais fluidez, os preços praticados nas transacções são mais previsíveis e consistentes, em resultado de um elevado número de vendedores e de compradores que interagem de forma dinâmica e informada. A informação sobre o território, nomeadamente sobre as disponibilidades efectivas da oferta e sobre as necessidades e capacidades da procura nos seus múltiplos segmentos, assume leituras mais significativas ao nível local e é um contributo indispensável para que as pessoas e as empresas possam actuar de uma forma esclarecida e prudente no mercado.

1.3.2. Características do mercado imobiliário
Podem apontar-se as seguintes características específicas do mercado imobiliário:

- Todos os prédios são singulares, sendo impossível haver dois prédios absolutamente iguais;
- Há uma elevada probabilidade de um número reduzido de compradores ou de vendedores chamarem a si o poder de influenciar os preços, exercendo um controlo impróprio, tanto ao nível da oferta como da procura, se não houver uma intervenção reguladora em sede de políticas de solos;
- Quando há desequilíbrios entre a oferta e a procura, o reequilíbrio, principalmente quando depende de um aumento da oferta, é extremamente moroso, podendo passar-se anos entre a decisão de construir e a disponibilização da construção no mercado;
- A oferta e a procura não têm uma relação formalmente estruturada, embora o sector da mediação tenha contribuído nos últimos anos de forma positiva para tornar estas relações mais transparentes e informadas;
- Enquanto investimento, os imóveis apresentam falta de liquidez; o solo é um produto imperecível e as construções são um produto durável e sujeito a uma depreciação muito lenta;
- Os imóveis estão sujeitos a diversos encargos tributários, que agravam os custos de transacção, quer para o comprador, quer para o vendedor. Não é saudável que o regime fiscal dificulte e penalize a mobilidade das famílias e das empresas.

1.3.3. Agentes do mercado imobiliário
Os diversos agentes que intervêm no mercado imobiliário têm perfis muito diferentes e encontram-se em situação de desigualdade, considerando os seus poderes, prerrogativas, necessidades e interesses. Também as relações de dependência de uns em relação aos outros não correspondem sempre às exigências de uma equilibrada e justa relação contratual.

No processo de avaliação distinguem-se, por de algum modo intervirem no mercado imobiliário, os seguintes tipos de agentes:

- Proprietários, vendedores e compradores;
- Arrendatários e rendeiros agrícolas e florestais e senhorios;

- Entidades de crédito e mutuários;
- Promotores de urbanização, empresas de construção, fundos imobiliários e investidores;
- Mediadoras, urbanistas e projectistas;
- Entidades da Administração Central e Local, decisores políticos do Estado e das autarquias e organizações não-governamentais;
- Empresas que exploram redes de infra-estruturas urbanas de uso público e seus utentes.

O planeamento urbano ideal faria com que os bairros de uma cidade tivessem qualidades arquitectónicas e vivenciais economicamente equivalentes, resultando num valor do solo equilibrado e idêntico em qualquer das zonas da cidade, todas elas atraentes. A diferenciação dos preços no produto final fundamentar-se-ia na utilização autorizada, nas tipologias dos espaços, na qualidade da arquitectura e da construção, na vetustez e na relação de vistas e de vizinhança numa escala de proximidade. De qualquer modo, o bom urbanismo asseguraria que os preços do solo seriam contidos numa banda muito estreita de variação.

Com a crescente burocratização dos planos territoriais e do licenciamento, as competências urbanísticas estão a ser substituídas por procedimentos administrativos indiferentes à qualidade dos resultados no terreno. Neste quadro, a perda de qualidade urbanística e arquitectónica dos aglomerados urbanos e a degradação da paisagem agro-florestal traduzem-se numa depreciação não negligenciável dos valores do imobiliário.

1.3.4. Os mercados imobiliários paralelos

Pelo seu peso relativo, importa considerar também o mercado imobiliário paralelo. Os loteamentos ilegais e a construção clandestina, que proliferaram principalmente a partir dos anos 60, marcaram de forma indelével grandes superfícies, sobretudo na Área Metropolitana de Lisboa e na região do Algarve, onde também é de assinalar o tradicional mercado das camas paralelas. A economia imobiliária paralela afecta, de forma mais ou menos directa, os comportamentos do mercado imobiliário e o ordenamento do território.

Por uma questão de clareza do discurso, é importante distinguir loteamentos ilegais, construções ilegais e bairros clandestinos.

Os loteamentos ilegais avançaram geralmente recorrendo à figura da venda da propriedade rústica em avos indivisos, a que se seguiu uma divisão informal da propriedade convencionada entre os comproprietários, que, por sua vez, passaram à construção no seu "lote" virtual. Esta operação originou expansões urbanas sem infra-estruturas, sem equipamentos sociais, sem uma estrutura urbana controlada e com um regime de propriedade equivocado e sem correspondência com a realidade. A expressão dos loteamentos ilegais foi tal que o Estado e os Municípios cederam ao facto consumado criando instrumentos excepcionais de legalização destas situações. A política e a legislação para as áreas urbanas de génese ilegal (AUGI) acabaram por reconhecer e enquadrar este segmento atípico do mercado imobiliário.

Os proprietários de construções ilegais implantadas em AUGI e reconhecidas como recuperáveis beneficiam de um tratamento privilegiado, mesmo em comparação com outros proprietários de edifícios que se encontram em situação regular de propriedade mas que cometeram algumas infracções menores de licenciamento. As construções ilegais alimentam um mercado paralelo e a magnitude da sua expressão no país recomenda uma análise do seu impacto social e, porventura, a procura de soluções que travem radicalmente o passo a estes abusos, ao mesmo tempo que respondam de forma correcta e atempada às carências e necessidades legítimas que estão na sua origem. A avaliação confronta-se aqui com um conjunto de factores muito heterogéneo.

Os bairros clandestinos onde os moradores ocupam terrenos que não lhes pertencem, com construções precárias, correspondem a uma realidade social de famílias em situação crítica, geralmente com sérios problemas de segregação e de exclusão social, onde também funciona um mercado imobiliário marginal. Há ainda bairros clandestinos com ocupação de terrenos públicos e particulares levada a cabo por indivíduos com expressiva capacidade financeira, patente nos custos das construções ilegalmente erigidas.

1.3.5. Insuficiências do mercado imobiliário[10]

Nenhum mercado se auto-regula. A estrita relação entre a oferta e a procura

---

[10] Parte das ideias relativas ao direito da propriedade e ao direito de construir e de urbanizar desenvolvem ideias da comunicação, sob o título "Tributação e a Política de Solos. Da Contribuição Autárquica ao Imposto Municipal sobre Imóveis, do Imposto Municipal de Sisa ao Imposto Municipal sobre as Transmissões", apresentada por Carlos Lobo na II Conferência sobre *Ordenamento do Território e Revisão dos PDM*, integrada nas Comemorações dos 30 Anos de Poder Local Democrático, organizada pela Associação Nacional de Municípios Portugueses, que teve lugar na Covilhã, nos dias 25 e 26 de Outubro de 2006.

não determina nem explica a formação dos preços[11]. Nos mercados imobiliários, as políticas com incidência territorial – política de solos, política de habitação e outras políticas, nomeadamente a concessão de subsídios – constituem intervenções públicas que influenciam o preço. Tal não impede que o mercado seja também moldado pela iniciativa privada, contudo, esta não é suficiente para garantir a necessária regulação, a satisfação das necessidades dos cidadãos e, consequentemente, a elevação sustentada dos níveis de bem-estar social.

Só num mercado livre e não distorcido, em concorrência perfeita, é que a oferta e a procura interagem construindo situações óptimas na óptica concorrencial[12], o que, de todo, não acontece com o mercado fundiário e imobiliário. Um mercado só será plenamente concorrencial quando se encontrem reunidos três pressupostos essenciais: (1) a atomicidade, ou seja, a presença no mercado de uma multiplicidade de agentes, quer do lado da procura, quer do lado da oferta, de forma que seja vedado a qualquer deles determinar individualmente os termos fundamentais que conformam as transacções, *maxime*, o seu preço; (2) a fluidez, que consiste na existência de mecanismos que propiciem transacções rápidas e eficientes de produtos homogéneos assentes em decisões económicas tomadas na posse de plena informação, estando os agentes totalmente esclarecidos quanto aos termos das opções presentes e das consequências destas num momento futuro; (3) a existência de liberdade de entrada e de saída, não sentindo os agentes quaisquer entraves excessivos quer à entrada no mercado (inexistência de custos de transacção) quer à saída (inexistência de custos irrecuperáveis).

O mercado imobiliário não respeita estes requisitos, concluindo-se que não corresponde a um mercado concorrencial[13].

---

[11] Cfr. SAMUELSON, Paul A.; NORDHAUS, William D. – *Economia*. 12ª Edição. Lisboa: McGraw--Hill, 1988, p. 483.

[12] Cfr. ARAÚJO, Fernando – *Introdução à Economia*. Vol. I. 2ª edição. Coimbra: Almedina, 2003, pp. 227 e ss.

[13] Henry George, em 1879, na obra *Progress and Poverty*, foi o primeiro autor a constatar essa realidade. Nessa época, os Estados Unidos não dispunham de quaisquer instrumentos de ordenamento do território nem de impostos sobre o rendimento, no entanto, este autor preocupou-se com o facto de a "terra livre" começar a escassear, o que poderia gerar tensões fortíssimas entre os interesses públicos e os interesses privados. Henry George estava essencialmente preocupado com o facto de a escassez de terra originar graves desequilíbrios ao nível da igualdade de oportunidades económicas que gerariam inevitavelmente confrontações

O espaço territorial disponível, salvo raríssimas e muito dispendiosas excepções, resulta de um processo geomórfico natural bruto. Se a propriedade imobiliária tem alguma elasticidade, através da sobredensificação, quando comparada com a propriedade fundiária, esta última só apresenta uma aparente elasticidade em resultado da divisão da propriedade, que tem consequências geralmente muito negativas no ordenamento agro-florestal.

Além das limitações ao nível da oferta, o mercado de propriedade fundiária e imobiliária apresenta também dificuldades sensíveis na perspectiva da fluidez.

A falta de fluidez inerente à terra enquanto factor de produção origina barreiras naturais à entrada e à saída do mercado. As suas características de permanência, quantidade limitada e imobilidade têm inevitáveis efeitos ao nível do processo de decisão privada, dado que qualquer opção terá efeitos muito prolongados no tempo, podendo mesmo ser irreversível. Os prejuízos de uma má opção serão, em diversas situações, irrecuperáveis e os juízos de prognose longa são realizados, muitas vezes, sem a informação necessária, propiciando movimentos especulativos. É clara, pois a existência de informação assimétrica ao nível da evolução futura dos mercados de propriedade imobiliária que impede a formulação de decisões económicas óptimas[14].

Por outro lado, nos bens imóveis a localização espacial é uma característica única, não podendo existir duas propriedades numa única localização.

---

sociais. Assim, como qualquer outro autor clássico, acreditava que os mercados concorrenciais e a propriedade privada gerariam eficiência e produtividade, remunerando os produtores quando fossem de encontro aos interesses dos consumidores. No entanto, o factor de produção terra tinha um comportamento peculiar, dado que, independentemente do aumento da procura a sua oferta, não poderia aumentar. Sendo a capacidade da oferta limitada, a existência de um mercado plenamente concorrencial estava, à partida, afastada. Nesta situação, e verificando-se uma aumento natural do volume da procura decorrente do aumento demográfico, os proprietários imobiliários beneficiariam de elevadas valorizações fundiárias, que se verificariam independentemente do uso que dessem às suas propriedades. Cfr. BROWN, H. James – "Henry George's Contributions to Contemporary Studies of Land Use and Taxation". *Land Use and Taxation: Applying the Insights of Henry George* 1-5. Lincoln Institute of Land Policy, 1997, pp. 1 a 5.

[14] Cfr. LOBO, Carlos Baptista – "A Tributação do Urbanismo no Quadro do Desenvolvimento Sustentável". *15 Anos da Reforma Fiscal de 1988/89. Jornadas de Homenagem ao Professor Doutor Pitta e Cunha*, Associação Fiscal Portuguesa, Instituto de Direito Económico, Financeiro e Fiscal da Faculdade de Direito de Lisboa, Almedina, 2006.

Este condicionalismo exclusivo constitui, em consequência, um factor crucial na definição do seu valor.

Uma política de solos que vise regular e disciplinar o preço do solo tem de ser sempre intervencionista e tal constitui uma necessidade estrutural não apenas para equilibrar a qualidade da rede urbana, enquanto sistema policêntrico apoiado em bairros com idêntica qualidade e centralidade entre si, mas também para limitar ou mesmo anular a formação de mais-valias e de menos-valias, neutralizando assim os interesses dos proprietários relativamente às alterações de uso do solo ou a outras dinâmicas transformadoras com origem em decisões administrativas e à margem do mérito do investimento empresarial. Este princípio, a verificar-se, traduzir-se-ia num desagravamento do custo do solo em benefício da economia em todas as suas vertentes.

A informação sobre o mercado imobiliário tem significados distintos conforme o nível de agregação dos dados estatísticos. Afirmar-se que há excedentes ou carências de habitação a nível nacional pouco diz sobre o que se passa ao nível regional e local. Daí a importância dos desdobramentos e das desagregações dos dados informativos porque, em função da localização e dos segmentos de utilização e da qualidade, coexistem realidades muito contrastadas mesmo dentro de uma realidade local. Assim, no mesmo concelho ou no mesmo bairro, pode haver excedentes críticos em algumas tipologias, e carências em outras, com procuras insatisfeitas que, embora tendo capacidade de compra, não encontram resposta por parte da oferta. Podem, portanto, coexistir na mesma unidade territorial, em segmentos de mercado distintos, oportunidades para investimento de sucesso a par de situações problemáticas de excedentes.

São múltiplos e complexos os fenómenos económicos decorrentes da especial interacção entre os diversos agentes no mercado urbanístico. Assim, poderão ocorrer externalidades significativas nestes mercados que, ao não serem internalizadas e contabilizadas enquanto custos ou proveitos do agente causador, originarão situações subóptimas[15].

---

[15] Conforme refere António de Sousa Franco, *«a interdependência entre as pessoas em sociedade gera situações difíceis de regular: na verdade as decisões de um consumidor ou de um produtor reflectem-se por vezes – positiva ou negativamente – sobre outras pessoas que com elas nada têm que ver: ora proporcionando-lhes utilidades externas (benefícios resultantes de comportamento alheio), ora impondo-lhes desutilidades externas (custos resultantes de comportamento alheio»* in *Manual*, Vol. I, cit., p. 28.

Desta forma, quando as entidades públicas constroem novas infra-estruturas ou instalam serviços que qualificam um bairro e aumentam a centralidade da zona, os terrenos envolventes valorizar-se-ão sem que os seus proprietários tenham realizado qualquer acção nesse sentido. Estas mais-valias indirectas (*windfall gains*) beneficiam proprietários individualmente considerados, embora os investimentos públicos tivessem sido efectuados à custa de toda a comunidade, justificando-se, pois, uma socialização desses ganhos (socialização das externalidades positivas), por via da imposição de contribuições especiais, que só devem ser aplicadas e cobradas no momento em que essas mais-valias se concretizem pela transacção do imóvel em causa, não sendo, no entanto, fácil, a sua determinação, porquanto tais mais-valias se misturam e confundem com os lucros da operação comercial.

Em sentido inverso, quando os agentes privados causem custo reflexo em outros agentes devido ao seu comportamento, torna-se essencial a sua internalização, de forma a que o custo privado marginal se equipare ao custo social marginal, eliminando-se consequentemente a externalidade negativa[16]. Tal justificaria, na óptica urbanística, que um imóvel degradado sofresse uma penalização e concomitante obrigação de reabilitação, por constituir um factor de desvalorização na área em redor à da sua localização. Por princípio, devem ser proibidas construções ou actividades com impactos ambientais negativos, que afectem a saúde e o conforto das populações, principalmente em zonas residenciais.

A supressão destas falhas de mercado constitui um imperativo para as entidades públicas. Sendo o urbanismo uma área essencial para a vida em sociedade, em que o mercado acusa fortes distorções, e havendo mesmo sectores em que não funciona, devem as entidades públicas tomar as medidas necessárias para sanar essas incapacidades. Estamos, pois, numa das áreas mais sensíveis do governo público: a gestão da "*polis*" ou "política" no seu sentido mais profundo. Não estamos no campo da orientação, nem mesmo da estabilização económica; o que está em causa é uma verdadeira e própria correcção das insuficiências do mercado, tarefa que se inclui no âmbito das mais básicas funções do Estado.

---

[16] Cfr., quanto às exterioridades ambientais, LOBO, Carlos Baptista – "Imposto Ambiental. Análise Jurídico-Financeira". *Revista Jurídica do Urbanismo e do Ambiente* 2: 11-50, Almedina, 1994, e LOBO, Carlos Baptista – "Imposto Ambiental. Análise Jurídico-Financeira (continuação do número anterior)". *Revista Jurídica do Urbanismo e do Ambiente* 3: 11-65, Almedina, 1995.

1.3.6. Regulação do mercado imobiliário

A simples regulação do mercado imobiliário, só por si, está longe de assegurar o bom ordenamento do território. A qualidade dos planos urbanísticos e dos projectos arquitectónicos é um desafio que transcende a esfera estritamente económica. É interessante, a este título, comparar dois empreendimentos hoteleiros realizados em Portugal, quase em simultâneo, nos anos 60: o hotel Estoril-Sol, em Cascais, e o hotel Ritz, em Lisboa. O primeiro, volvidos 50 anos, ficou obsoleto e foi demolido, pelo que o valor da sua construção entrou em negativo, com custos de demolição e transporte de entulho a vazadouro. O edifício do hotel Ritz mantém, actualiza e compensa o seu valor de investimento e impõe-se como uma extraordinária obra de arquitectura que marca a cidade de Lisboa.

Contudo, é certo que um mercado imobiliário equilibrado, onde se pratiquem preços justos, fundamentados na economia real dos custos de produção, será mais favorável à prática de um urbanismo de mérito, alicerçado em padrões de valores estéticos e de organização funcional. Este urbanismo contribuirá, por outro lado, para valorizar a propriedade e manter esse seu valor, conferindo-lhe um poder de sobrevivência que pode perdurar ao longo de séculos, graças a um correcto investimento na manutenção e conservação.

É ainda pertinente o empenho do Direito no reforço da legitimidade e defesa das prerrogativas da propriedade privada como direito fundamental e no aprofundamento da sua base conceptual. Essa necessidade avulta hoje face às múltiplas restrições, condicionantes, dependências e abusos de poder que paulatinamente vêm diminuindo a esfera e as prerrogativas da propriedade privada.

Por outro lado, estando o mercado de habitação assente fundamentalmente na venda em propriedade plena dos compradores com recurso ao crédito, é exigida uma atenção especial à actividade bancária neste domínio. Há uma profunda assimetria entre os direitos, deveres e responsabilidades que assistem aos prestamistas e os de quem se endivida. O poder e a experiência amadurecida, ao longo de séculos, pelo sistema financeiro prestamista contrasta com a inexperiência, a necessidade, a precipitação e, quantas vezes, o desespero de quem recorre ao crédito. Acresce ainda o recurso das entidades financeiras à publicidade e à manipulação psicológica do cidadão que recorre ao crédito para a compra de casa ou para o consumo corrente. Daí a tradição jurídica de proteger o cidadão dos comportamentos abusivos das instituições de crédito, em geral, e das casas de penhores, em particular.

1.3.7. Investimento reprodutivo e não reprodutivo no imobiliário

O imobiliário, por natureza, não é um bem transaccionável, no sentido de que não pode ser exportado.

Na economia do território é particularmente importante evitar investimentos em empreendimentos imobiliários que não tenham colocação no mercado nem qualquer utilidade social e que, portanto, não se traduzam no aumento directo do seu rendimento ou do seu valor. O risco de tal acontecer é elevado quando não existe uma correcta avaliação das operações necessárias para melhorar as explorações agrícolas ou florestais ou do crescimento urbano, verificando-se, por vezes, investimentos em operações urbanísticas onde as infra-estruturas e os lotes que estas servem nunca chegarão a ter qualquer aproveitamento. Os excedentes do imobiliário são, porventura, um dos grandes desperdícios financeiros que afectam a economia nacional.

A Teoria Económica distingue, no imobiliário, os sectores reprodutivos, onde os edifícios fazem parte dos meios de produção de empresas industriais, de prestação de serviços, turísticas e outras – que alimentam um negócio gerando bens e serviços transaccionáveis em permanência – dos sectores não reprodutivos, que podem também satisfazer necessidades básicas, como a habitação, mas não têm um efeito multiplicador directo na produção de riqueza. É certo que os prédios de habitação são úteis e susceptíveis de acumulação, constituindo uma base de riqueza, contudo, é também inegável que a utilização da habitação em si por uma família constitui um consumo não reprodutivo.

Esta dicotomia radical é discutível porquanto, por exemplo, o parque habitacional ocupa uma parte do sector da construção civil em obras de conservação e de reabilitação, fazendo assim parte de uma cadeia produtiva. O mesmo se pode afirmar sobre as redes de infra-estruturas, incluindo aí as acessibilidades, quando estas estão correctamente dimensionadas e articuladas com a satisfação de necessidades básicas e programadas com escalas que correspondam aos seus limiares de rentabilidade.

No caso do investimento em edifícios fabris, em hotéis ou mesmo em hospitais e escolas, e outros serviços, podemos, porventura, aceitar que os edifícios são bens de produção e, assim sendo, que a concessão de crédito nestes casos se enquadra no crédito às actividades económicas reprodutivas, em que se espera um retorno compensador do investimento. Já no caso da habitação, há que distinguir o investimento das famílias na compra de habitação própria (onde não se espera um qualquer retorno do "investimento") do investimento em prédios de rendimento onde o senhorio investiu com um sentido quase empresarial, tendo em vista uma compensação financeira, e onde podemos vislumbrar não propriamente uma actividade produtiva mas seguramente uma fonte de rendimento.

De qualquer forma, há alguma reserva da Teoria Económica relativamente ao investimento no imobiliário, justificada pelo facto de se tratar sempre de bens não transaccionáveis, sujeitos a uma depreciação na sua componente edificada e ao risco associado aos ciclos que afectam este sector.

1.4. A segmentação do mercado

1.4.1. Conceito de segmentação

O funcionamento de vários mercados de solo, operando separadamente dentro de uma estrutura segmentada em função dos usos do solo, dos seus rendimentos e tendo como referência o valor justo, deve ser assegurado. O conceito de segmentação pressupõe a necessidade de se criarem mercados distintos e separados, considerando os usos do solo e a procura interessada em prosseguir as actividades e as explorações que cumprem e sustentam esses usos.

A segmentação do mercado imobiliário consiste na conformidade entre os usos e as utilizações atribuídos ao solo por classificação em sede de planos territoriais e o estatuto jurídico da propriedade, configurando aí o seu valor em correspondência com o rendimento proporcionado pela utilização desejada e correcta[17]. Cabe à política de solos levar o mercado a acreditar e aceitar que os solos agrícolas e florestais têm valores correspondentes com o seu rendimento, sem estranhar que na vizinhança destes, já dentro dos perímetros urbanos, o solo tenha um valor muito superior. Nesta medida, a segmentação do mercado imobiliário está dependente de uma correcta segmentação, a montante, do mercado fundiário ou de solos (*ver infra*).

A segmentação do mercado de solos tem como principal objectivo assegurar a disponibilização do solo agrícola e florestal para a sua correcta uti-

---

[17] Em casos excepcionais de regiões gentrificadas, que atraem uma procura abastada e interessada em paisagens de vilegiatura, o valor de mercado do solo silvestre e agrícola pode ser muito superior ao valor de rendimento referido à produção agrícola ou florestal, e tal pode não constituir um problema, desde que as actividades agrícolas e florestais estejam asseguradas e sejam correctamente praticadas.

lização. O objectivo é evitar que os espaços rústicos sejam adquiridos por proprietários estranhos ao sector agrícola e florestal com motivações que conflituam com os princípios do bom ordenamento do território, nomeadamente para segunda residência ou especulação imobiliária. Estas procuras adventícias geralmente deixam os espaços rústicos ao abandono, não os tratam, não os exploram, não os arrendam nem os vendem, mantendo-os numa situação de expectância. Quando os trazem ao mercado, os proprietários pedem valores exorbitantes, tendo por referência um mercado de solos urbanos. O facto de alguns destes proprietários *outsiders* beneficiarem de alterações de planos e de regimes de uso, conseguindo o licenciamento de urbanizações ou empreendimentos turísticos, ou simplesmente de terem vendido os seus terrenos por valores referidos a este tipo de aproveitamentos geradores de elevadas mais-valias é motivo de leituras de desconfiança e contraria a desejável segmentação do mercado, confundindo os agentes e desorientando o mercado e o processo de avaliação.

As falhas na segmentação constituem causa de enfraquecimento do sector agro-florestal, de conflitos nas áreas protegidas, de desordenamento urbano e de patologias no sistema financeiro, na medida em que os usos que valorizam menos o solo são preteridos em favor do uso urbano nas suas vertentes mais atreitas à especulação, dando azo à concessão de crédito hipotecário suportado por activos imobiliários de risco.

1.4.2. Segmentação primária

A estruturação do mercado deve partir de uma primeira diferenciação que distinga e separe o mercado fundiário fora dos perímetros urbanos do mercado de solos e do espaço edificado dentro dos perímetros urbanos. Nisto consiste o conceito de *segmentação primária*, referida ao mercado fundiário, com o propósito de promover e fazer respeitar a separação necessária entre os espaços de uso silvestre, agrícola e urbano, e preconizando que cada um destes usos do solo seja arrumado em unidades territoriais com escalas apropriadas.

A segmentação do mercado de usos do solo visa também assegurar que os solos florestais estejam integrados nas matas nacionais ou em explorações florestais particulares com capacidade para assegurar a boa condução da floresta. Por princípio, é desejável que a procura no mercado de solos florestais seja dominada por empresários florestais. Caso os solos florestais sejam adquiridos por proprietários estranhos ao sector, estes devem ser integrados no regime florestal parcial[18].

A viabilidade de uma exploração florestal depende, em regra, da extensão do perímetro florestal onde esta se integra e da qualidade e sustentação dos serviços de silvicultura responsáveis pela sua condução. Podemos considerar que a dimensão ideal de um perímetro florestal deve ser superior a 5 000 hectares, devendo, de preferência, estar acima dos 15 000.

Uma exploração agrícola deve ter mais de 20 hectares[19], sendo incompreensível a permissividade da lei e dos planos territoriais no que concerne à divisão da propriedade rústica. A facilidade na divisão da propriedade rústica tem efeitos perniciosos na estruturação do povoamento, que regista níveis de dispersão gravíssimos, ao mesmo tempo que fragmenta e inviabiliza as explorações agrícolas.

Enquanto o uso urbano deve ser contido dentro dos limites dos aglomerados ou perímetros urbanos, de modo a evitar o povoamento disperso, o uso silvestre, incluindo nele os espaços florestais, pode e deve, com vantagem, ser despovoado e ocupar em *continuum* grandes extensões do território, sem que daí advenha qualquer inconveniente. Quanto ao uso agrícola, na tradição rural, este estruturava-se em torno de povoados, no termo das aldeias e nas periferias da cidade, formando o seu *green belt*, porque, ao contrário do uso florestal, o uso agrícola exige a presença do agricultor numa relação de proximidade com a sua residência. O agricultor pode não ter a sua residência na exploração, mas tem de residir numa aldeia que lhe permita ter uma acessibilidade fácil à exploração.

1.4.3. Segmentação no mercado imobiliário

Relativamente ao mercado imobiliário que incide mais directamente sobre os prédios construídos em meio urbano, a segmentação da oferta e da pro-

---

[18] Tal como este era correctamente entendido na legislação do regime florestal de 1901 (Decreto de 24 de Dezembro de 1901 e legislação complementar associada).

[19] Em França, é condição para que um empresário agrícola seja reconhecido oficialmente como agricultor que a sua exploração tenha mais de 24 hectares [*ver* conceito de "*surface minimale d'installation*" (SMI)]. Vem a propósito a comparação com o caricato conceito de unidade mínima de cultura, que chega a ser referida aos 5 000m^2, instalada no planeamento do território português.

cura equaciona-se de uma forma completamente diferente daquela que informa o mercado fundiário em meio rústico, podendo deixar-se uma maior liberdade aos ajustamentos entre a oferta e a procura num espaço de livre iniciativa e no contexto do mercado.

Dentro do segmento do mercado de solos e de edifícios de uso urbano, há desdobramentos que se impõem como uma exigência estrutural para o ordenamento do território, havendo, neste caso, lugar a uma diversificação compósita dos produtos imobiliários por utilizações. Através do desenho urbano procede-se à articulação estética e funcional do espaço público com os espaços privados e de espaços livres em contraponto com os volumes edificados, num exercício de expressão arquitectónica. A distribuição das utilizações dentro do uso urbano não é pacífica, na medida em que o valor da área de construção autorizada varia significativamente de uma utilização para outra.

A diversificação do produto imobiliário dentro do sistema urbano exige flexibilidade para responder às necessidades da economia, ajudando a acolher a iniciativa privada. Os próprios edifícios, sempre que possível, devem poder ser adaptados a novas utilizações através de remodelações, uma vez que faz parte da qualidade de um edifício essa capacidade de ajustamento à reconversão da utilização, que se traduz no seu poder de sobrevivência e na sustentação do seu valor.

O solo é um bem fisicamente exposto e socialmente referenciado através de um conjunto de direitos que a própria lei consubstancia e delimita, segundo a lógica natural das interdependências entre a sociedade e o meio físico, numa perspectiva trans-ecossistémica.

Nas últimas décadas, a legislação tem vindo a cercear cada vez mais as prerrogativas da propriedade privada e o livre exercício dos direitos reais de fruição e utilização do solo. Por sua vez, acentuam-se a um ritmo surpreendente as dependências dos prédios e da propriedade relativamente às redes de infra-estruturas. Esta dependência funcional configura-se também como uma dependência financeira de monopólios naturais que tendem a erodir os predicados de garantia, de segurança económica e de autonomia que alicerçavam o interesse em possuir bens de raiz.

As novas territorialidades estão a alterar a lógica da economia fundiária, a ponto de ser pertinente questionar se a propriedade imobiliária continua a ser um investimento seguro de poupanças como foi tradição na era em que dominavam os "prédios de rendimento". Hoje, a propriedade imobiliária constitui um bem exposto às mais diversas formas de taxação, de especulação e de exploração pós-tarifária[20].

Os custos funcionais associados à dependência de serviços prestados pelas redes de infra-estruturas públicas, as despesas de condomínio e os encargos fiscais tendem a ser superiores ao rendimento do prédio. Nestas circunstâncias, os imóveis passam a ser uma fonte de receita para um amplo conjunto de entidades que se apresentam perante os proprietários e utentes com um poder de monopólio. Esta realidade configura uma profunda alteração da economia do território e do imobiliário em particular e apresenta-se como um fenómeno relativamente novo e ainda pouco compreendido.

O regime jurídico do arrendamento urbano é claramente distinto do arrendamento rural, devendo ainda distinguir-se neste último o arrendamento de prédios para fins agrícolas do arrendamento para fins de exploração florestal e silvo-pastorícia. Estas diferenças decorrem de realidades económicas sectoriais distintas que estão na base da necessidade da segmentação do mercado fundiário em função dos usos e das utilizações do solo[21].

Os planos de pormenor devem contemplar no seu regulamento a possibilidade de agregar lotes e de alterar facilmente a sua utilização, de habitação para escritórios ou para hotelaria e vice-versa, remetendo a decisão para o âmbito das deliberações municipais correntes. Não tem qualquer sentido impedir estas alterações ou torná-las dependentes de uma alteração formal do plano de pormenor. A dinâmica das utilizações dos prédios urbanos deve obedecer dominantemente às exigências e dinâmicas do mercado imobiliário. Para isso, é conveniente flexibilizar os procedimentos relativos às alterações de utilização dos usos urbanos, permitindo que um edifício de habitação passe a edifício de escritórios ou hotel por iniciativa do seu proprietário e correspondendo às suas perspectivas de negócio mais rentável. Esta liberalização deve ser enquadrada pelos limiares de capacidade das redes de infra-estruturas e pela salvaguarda dos níveis de conforto nas relações de vizinhança.

---

[20] A exploração pós-tarifária corresponde à prática de preços de monopólio na prestação de serviços através das redes de infra-estruturas públicas urbanas administradas em regime de monopólio natural.
[21] A Lei do Arrendamento Urbano continua a manter em grande parte os efeitos das rendas congeladas e a Lei do Arrendamento Rural deixou de considerar a publicação anual dos valores oficiais do arrendamento para as diversas culturas.

A livre distribuição das utilizações dá origem a bairros com vida, com animação comercial e cultural, não havendo razão para que os planos definam e imponham uma distribuição rígida.

1.4.4. Divisão imprópria da propriedade

A divisão da propriedade obedece a critérios distintos, conforme o uso do solo. Podem considerar-se quatro fundamentos principais para a divisão da propriedade fundiária e imobiliária:

- De ordem funcional e de escala económica, em correspondência com a melhor forma de explorar o solo ou de utilizar o espaço edificado;
- De ordem estritamente lucrativa e especulativa, associada ao interesse do proprietário-vendedor em reduzir a dimensão dos prédios ou frações a uma dimensão mínima de modo a maximizar o seu valor por unidade de superfície;
- De ordem prática, decorrente da necessidade de facilitar a partilha de propriedades entre herdeiros;
- Decorrente do atravessamento de prédios por vias públicas.

A primeira destas razões deve sobrepor-se às demais e, por isso, a divisão dos prédios não deve constituir uma prerrogativa da propriedade, competindo ao planeamento do território fomentar e preservar a racionalidade do parcelamento dentro de uma lógica de sustentabilidade económica da sua exploração e do bom ordenamento do território.

O regime florestal, concebido no princípio do século XX, permitia estabelecer um ordenamento florestal quase independente da divisão da propriedade, conferindo aos serviços florestais os meios jurídicos para intervir na propriedade privada através do regime florestal parcial, que operava sempre sobre perímetros florestais com escala adequada.

No caso dos espaços agrícolas, o dimensionamento da exploração depende muito da estrutura fundiária da propriedade, em particular da sua base cadastral. O ideal é que a superfície de exploração seja constituída por parcelas conexas, com a continuidade física indispensável à optimização das operações mecânicas e de transporte. O parcelamento do espaço de uso agrícola deve ser sempre avaliado em função da estrutura orgânica das explorações.

A existência de pequenas propriedades rústicas com escassos milhares ou mesmo centenas de metros quadrados, cujos proprietários não são agricultores nem as disponibilizam para a agricultura, por arrendamento ou por venda, constitui um dos maiores factores limitantes ao desenvolvimento do sector agrícola em Portugal[22]. Nestas pequenas parcelas rústicas é frequente surgirem pretensões para a construção de habitação dispersa, que, surpreendentemente, são muitas vezes viabilizadas ao abrigo do regime da Reserva Agrícola Nacional, o qual contempla a possibilidade generalizada de construir desde que comprovada uma "insuficiência económica". A interferência deste critério é aqui deslocada, uma vez que equivale a atribuir um direito de desordenar o território e fazer proliferar a construção dispersa por motivo de insuficiência económica. Acresce o caricato de se admitir que podem existir pessoas em situação de pobreza com meios para custear a construção de moradias isoladas, com elevados custos de infra-estruturação.

O controlo do valor dos prédios destinados à agricultura exige uma política de solos que aproxime os valores de mercado dos valores de rendimento, credencie e proteja o estatuto do agricultor, em articulação com a estrutura fundiária da sua exploração e estabeleça para esta uma superfície mínima, em função da região e da estrutura de povoamento.

Note-se que o conceito da unidade mínima de cultura vigente na legislação portuguesa nunca teve qualquer fundamento no ordenamento agrário, tendo tido uma motivação puramente fiscal de controlar o universo dos contribuintes dos prédios rústicos, e revela-se particularmente nefasto ao ser invocado em regulamentos de planos municipais de ordenamento do território como critério de legitimação da construção e da divisão da propriedade.

A interferência imprópria dos critérios fiscais no processo de divisão da propriedade rústica é patente também na percepção existente de que a criação de artigos fiscais urbanos dentro de um prédio rústico constitui uma pré-divisão da propriedade. O prédio no seu todo constitui uma unidade jurídica, ainda que integre artigos urbanos e artigos rústicos, devendo os artigos constituídos dentro do prédio, em princípio, ter apenas uma relevância fiscal. Porém, na prática do planeamento e do comportamento do mercado, a articulação entre prédios e artigos não está bem consciencializada nem regulada.

---

[22] Esta situação tem vindo a ser relatada na imprensa. Em reportagem publicada no jornal *Público*, em 22 de Agosto de 2010, afirmava-se que "*a dificuldade em encontrar terras disponíveis para arrendamento rural, a preços justos, é um entrave conhecido à expansão da agricultura no Centro e Norte do país, regiões onde à reduzida dimensão da propriedade se juntam problemas como o abandono*".

Na prática, o facto de existirem artigos urbanos dentro de um prédio rústico induz em erro acerca das facilidades na divisão da propriedade. Ainda assim, esta consuma-se com relativa frequência nos termos do direito vigente, recorrendo à figura do destaque (ou a uma simples autorização administrativa), sendo este desligamento entre artigos urbanos afectos a centros de lavoura e artigos rústicos, dentro do mesmo prédio, especialmente pernicioso para a agricultura. Após a criação de novos artigos, é fácil criar a expectativa ou ilusão de uma divisão do prédio, criando tendencialmente tantos prédios quantos os artigos do prédio original.

No contexto do uso urbano, a divisão da propriedade apresenta uma muito maior complexidade, não incidindo apenas no parcelamento do solo em si, mas envolvendo também as cargas de construção e o número de fracções a construir através de um aumento da volumetria. Com estas divisões configuram-se *camadas* de direitos sobre o solo, através da figura da propriedade horizontal e de outros novos modelos de propriedade, que vão sendo criados para responder a novos desafios de composição urbana, nomeadamente a propriedade do subsolo.

A divisão da propriedade urbana tem fundamentalmente em vista o conforto dos habitantes, a optimização de limiares de capacidade das infra-estruturas e deve processar-se com base em operações de desenho e de composição do tecido urbano, obedecendo a critérios de equilíbrio na quantificação e qualificação dos parâmetros urbanísticos, nomeadamente, índices de construção, número e tipologia de fogos e configuração dos demais espaços exteriores e interiores.

1.5. O Direito do Urbanismo

1.5.1. A actividade urbanística pública

A actividade pública no domínio do urbanismo implica uma necessária articulação entre os diversos níveis da Administração Pública com competências na administração e ordenação do território. Ao nível Central, é importante assegurar a política do uso silvestre, abrangendo as áreas protegidas, todas as fileiras dos recursos florestais e a estrutura agrária. Ao nível Local, é importante a concepção e a gestão do sistema urbano com a sua rede de aglomerados. O Direito surge aqui como um dos elementos agregadores de uma política unificada para o território, englobando o conjunto de conteúdos essenciais para esclarecer e harmonizar as relações jurídicas entre os diversos intervenientes, nomeadamente quando estes possam ter interesses ou pretensões conflituantes. O desafio que se coloca ao planeamento consiste em conceber, seleccionar e decidir sobre os conteúdos relacionais, de modo a encontrar aquele que se apresente mais útil, fértil e construtivo face à amplitude e à diversidade de intervenções administrativas que afectam de forma potencialmente negativa os interesses estabelecidos com justo enquadramento sócio-económico.

O desenvolvimento da actividade urbanística e a crescente sofisticação dos meios de tutela dos direitos dos administrados tiveram como efeito uma acentuada ampliação do objecto do direito do urbanismo. Este tem sido enunciado enquanto regulador da *"ciência e teoria da localização humana"*[23] ou, na terminologia utilizada por Freitas do Amaral, a «*política pública, encarregada da definição dos meios e objectivos da intervenção da Administração Pública no ordenamento racional das cidades*»[24].

No Direito Comparado é particularmente interessante o modelo alemão, onde o direito do urbanismo integra toda uma série de realidades jurídicas de conteúdo essencialmente administrativo, englobando no seu âmbito três realidades essenciais: *o Direito do Plano (Planungsrecht)*, que regula a actividade de planeamento supralocal e local; *o Direito dos Solos (Bodenordnungrecht)*, de conteúdo instrumental e que visa possibilitar a realização dos fins definidos normativamente nos planos urbanísticos; e o *Direito Administrativo da Construção (Bauordnungrecht)*, que abrange a disciplina jurídica da actividade de projecto e de construção do edificado[25].

Nesta lógica, o Direito do Urbanismo deveria ser entendido como um direito administrativo especial, revelando alguns traços particulares, tais

---

[23] Cfr. CHOAY, Françoise – *O Urbanismo*. 5ª edição. Lisboa: Perspectiva, 2003, p. 2.
[24] Cfr. AMARAL, Diogo Freitas do – *Sumários de Direito do Urbanismo*. Edição policopiada. Lisboa: AAFDL, 1993, pp. 13 e 16. Sobre o conceito de urbanismo, consultar, igualmente, CORREIA, Fernando Alves – *Manual de Direito do Urbanismo. Vol I*. Coimbra: Almedina, 2001, pp. 53 e ss.; e CAUPERS, João – "Estado de Direito, Ordenamento do Território e Direito de Propriedade". *Revista Jurídica do Urbanismo e do Ambiente* 3, Almedina, 1995, pp. 89 e ss.
[25] Fernando Alves Correia segue de perto a doutrina jurídica alemã. Cfr. CORREIA, Fernando Alves – *O Plano Urbanístico e o Princípio da Igualdade*. 2ª Reimpressão. Coimbra: Almedina, 2001, pp. 51 e 52. Esta vertente discriminatória pode ser moderada por uma procedimentalização que explicite os interesses e os valores em jogo, clarificando e separando as análises técnicas da esfera das decisões políticas e respeitando o espaço da discussão e participação públicas.

como a complexidade das fontes, a mobilidade das normas e o carácter discriminatório dos preceitos[26].

Não se nega a natureza administrativa de parte do Direito do Urbanismo. Tomando em consideração as múltiplas relações jurídicas de natureza administrativa que se estabelecem entre as entidades públicas e os particulares, é fundamental que se constitua todo um direito substantivo e adjectivo de natureza essencialmente administrativa que defina o conteúdo dos poderes de autoridade e estabeleça as garantias dos particulares perante estes, em contraponto com o âmbito das competências técnicas, que não devem ser confundidas com os poderes de autoridade e muito menos substituírem-se a eles. Em consequência, é inegável que a vertente administrativa do Direito do Urbanismo se encontra sujeita aos princípios jurídicos gerais reguladores da actividade administrativa: o princípio da legalidade genérico, o princípio geral da proporcionalidade ou o princípio específico da proibição do excesso e o princípio da igualdade.

No entanto, a actividade urbanística excede em muito a vertente puramente administrativa, revestindo uma natureza intrinsecamente económica, e só alcança a sua essência através da arte do desenho e da construção do espaço territorial. De facto, a actividade urbanística do Estado abrange uma panóplia de realidades que se situam indiscutivelmente fora do âmbito dos conteúdos normalmente apontados ao direito administrativo.

O Direito do Urbanismo, entre nós, tem sido observado apenas do ponto de vista administrativo, desvalorizando-se, ou mesmo ignorando, por um lado, o regime da propriedade consagrado no Código Civil, nunca explicitamente com ele articulado e, simultaneamente, desprezando o impacto económico de grande número das regras deste ramo do Direito. A este respeito, considerando o peso relevante que o sector imobiliário tem na economia nacional, não é razoável que a vertente económica dos planos e a sua influência sobre os mercados de solos seja tão desconsiderada na legislação portuguesa.

1.5.2. A vertente económica do Direito do Urbanismo

A submissão da actividade urbanística do Estado ao Direito Económico, e consequentemente aos seus princípios, é quase intuitiva. Efectivamente, se

---

[26] Cfr. *ob. cit.*, p. 56.

considerarmos a vertente substantiva do Direito do Urbanismo, verificamos que esta se traduz, quase integralmente, no condicionamento público do direito de propriedade privada, realizado através do exercício de funções de planeamento genérico e de limitação específica do conteúdo do direito da propriedade privada sobre os imóveis. Ganha, então, uma maior clareza a concepção que integra a actividade urbanística no âmbito do Direito Económico, quer ele seja entendido como «*sistema resultante da ordenação de normas e princípios jurídicos, em função da organização e direcção da economia*»[27], ou como «*ramo normativo do direito que disciplina, segundo princípios específicos e autónomos, a organização e a actividade económica*»[28].

Nesta perspectiva, a finalidade do Direito do Urbanismo corresponde à necessidade de ordenar os usos do solo, enquadrar o direito de urbanizar e distingui-lo dos direitos de construir, procurando formas de neutralização dos interesses dos proprietários relativamente à apropriação de mais-valias simples, que decorrem sempre de decisões discricionárias sobre a alteração dos usos do solo. É também importante respeitar escrupulosamente as prerrogativas da propriedade privada, nomeadamente o direito à expropriação, quando é afectado o conteúdo essencial de um direito de propriedade.

A criação de limitações e condicionantes à actividade privada, por vezes sem a competente indemnização ou compensação e, por outro lado, a atribuição de mais-valias sem qualquer controlo ou procedimentalização constituem falhas da regulação pública do urbanismo, do ordenamento do território e do mercado da propriedade imobiliária. Note-se que este controlo estava acautelado na legislação de 1944, revogada pela legislação que liberalizou os loteamentos urbanos em 1965.

De facto, sendo o "plano" o instrumento urbanístico fundamental, é fácil antever uma correlação estrita com os planos económicos que se inserem no objecto típico do Direito Económico, considerando alguns autores[29], de forma correcta, que estes instrumentos específicos de planeamento técnico urbanístico, com inevitável incidência na actividade económica, se consti-

---

[27] Cfr. CORDEIRO, António Menezes – *Direito da Economia*. 3ª Reimpressão. Lisboa: AAFDL, 1994, p. 8.
[28] Cfr. FRANCO, António de Sousa – "Direito Económico/Direito da Economia" *in Dicionário Jurídico da Administração Pública*, IV Vol., p. 46.
[29] Cfr. SANTOS, António Carlos dos; GONÇALVES, Maria Eduarda; MARQUES, Maria Manuel Leitão – *Direito Económico*. Coimbra: Almedina, 2004, pp. 231 e 232.

tuem como verdadeiros "planos sócio-económicos". E é neste quadro que se potencia e sustenta a salvaguarda dos recursos naturais e as medidas de controlo e mitigação da poluição.

A acção pública de planeamento e ordenamento territorial tem um inevitável fundamento económico. Diversos autores, principalmente a partir dos anos 60 e no âmbito dos planos de desenvolvimento, defendem a subordinação dos planos territoriais, incluindo os urbanísticos, aos planos económicos.

A justificação para o desenvolvimento da actividade pública de planeamento é evidente. Imagine-se os custos de uma negociação individual entre centenas ou milhares de proprietários no sentido da conformação do direito a construir de cada um na sua propriedade. Os custos de negociação seriam elevadíssimos, o que a tornaria proibitiva. Por outro lado, os interesses divergentes, nomeadamente o princípio *not in my courtyard* levariam inevitavelmente à concretização de situações subóptimas em sede de bem-estar geral que adviriam de boleias (*free rides*) ou de bloqueios (*hold out*), consequências inevitáveis se a decisão em causa fosse desenvolvida numa óptica estritamente privada[30].

Essa actividade pública é fundamental. Não seria possível a elaboração de um plano urbanístico se a decisão assentasse num pressuposto de cooperação, aplicando-se a regra da unanimidade, pois os custos de negociação seriam extraordinariamente elevados, podendo um único agente bloquear a conclusão de um instrumento que beneficiasse milhares[31]. Por outro lado, os juízos de prognose quanto ao desenvolvimento e organização da cidade só podem ser desenvolvidos de forma coerente pelos organismos públicos, pressupondo que estes não terão, à partida, quaisquer interesses pecuniários directos decorrentes dessa actividade, o que não pode ser tido por garantido.

Numa outra perspectiva, se a construção de infra-estruturas de suporte urbanístico estivesse dependente de uma acção estritamente privada, assente numa lógica cooperativa, além dos bloqueios descritos no parágrafo anterior, poderiam ocorrer aproveitamentos oportunistas de sujeitos que, não pretendendo contribuir directamente para a construção do equipamento, iriam, no entanto, usufruir das utilidades prestadas.

---

[30] Ou cooperativa, se o bem for considerado como comum.
[31] Advoga-se, portanto, uma acção pública baseada na Teoria do Segundo Óptimo. Cfr. Jorge Costa Santos, *ob. cit.*, pp. 40 a 42 e 111.

O plano urbanístico aparece, então, como um plano ordenador, em quase tudo idêntico aos modernos planos económicos, caracterizados pela salvaguarda de princípios e valores invariantes e pela flexibilidade das regras que procuram a inteligibilidade das respostas conceptuais às necessidades.

Finalmente, não nos poderemos esquecer que a actividade urbanística influencia decisivamente o mercado imobiliário. Ora, é o Direito Económico que tem no seu objecto o direito dos mercados, entendido como o regime jurídico ordenador das diversas formas de mercado e em especial da concorrência nos mesmos.

Face às incapacidades existentes no mercado da propriedade imobiliária – ausência de fluidez, ocorrência de externalidades positivas e negativas, necessidade de fornecimento de bens públicos – a acção reguladora do Estado é mais do que justificada. No limite, poderá mesmo considerar-se essa função correctora como obrigatória[32].

Esta função de regulação e ordenação dos mercados, essencial na configuração económico-financeira dos Estados modernos enquanto Estados Reguladores[33], é totalmente incompatível com eventuais "falhas de regulação" e um Direito Urbanístico que não tome em consideração os imperativos de Direito Económico, e no limite, o princípio da igualdade económica, origina fatalmente desigualdade e injustiça.

O mercado da propriedade imobiliária, na perspectiva mais ampla, é inevitavelmente influenciado pelas opções urbanísticas das entidades públicas, enunciadas na encomenda e que devem poder ser alteradas em resultado das informações, das ideias e dos cenários que o desenvolvimento do próprio plano vai produzindo. Esta iteração fluida tende a ser contrariada pelo entendimento rígido da figura dos termos de referência. A decisão sobre os parâmetros de construção e sobre as cargas de utilização, nomeadamente sobre o número de fogos por hectare, deve libertar-se de critérios economicistas associados à maximização do lucro do empreendimento para atender de forma equilibrada à qualidade da composição urbana. Para isso, é importante desligar o interesse dos proprietários do solo rústico dos parâmetros urbanísticos, o que corresponde a dizer que a propriedade rústica não deve incorporar qualquer direito de urbanização ou de edificação de carácter urbano.

---

[32] Para tanto apontam as alíneas *a)*, *b)* e *f)* do artigo 81º da CRP.
[33] Cfr., por todos, FERREIRA, Eduardo Paz – *Direito da Economia*. Lisboa: AAFDL, 2001, pp. 393 e ss.

Não é, pois, de estranhar a acutilância das discussões doutrinárias relativamente à natureza jurídica do *jus aedificandi*, dado que as discrepâncias relativamente a esta qualificação têm na origem divergências conceptuais nos mais básicos fundamentos teóricos do conteúdo do direito à propriedade imobiliária e aos seus eventuais condicionamentos sociais.

É, portanto, essencial aprovar uma nova Lei dos Solos que esclareça quais as esferas de intervenção de cada figura de plano em matéria de atribuição de direitos aos proprietários, que separe claramente as competências de urbanizar e o direito de construir, que distinga as construções que se determinam na esfera e escala das prerrogativas da propriedade privada daquelas construções que pela sua dimensão e impacto têm efeitos equivalentes a uma urbanização, e que separe as mais-valias e as menos-valias geradas a partir de uma decisão político-administrativa dos lucros ou prejuízos realizados no âmbito da actividade empresarial, tornando mais transparente o processo de planeamento e o funcionamento do mercado. Nos critérios de repartição dos benefícios e dos encargos decorrentes da actividade urbanística, há que considerar separadamente, ao nível dos benefícios, as mais-valias e os lucros, sob pena de irremediável viciação do processo. Só assim será possível respeitar o princípio da igualdade na sua vertente material.

2. A avaliação e os direitos da propriedade

2.1. Património imobiliário e propriedade imobiliária

É importante a distinção entre os conceitos de património imobiliário e propriedade imobiliária. O *património imobiliário* objectiva-se na materialidade da coisa apropriada, correspondendo ao espaço territorial do prédio e aos elementos que o ocupam, tais como rochas, terra, vegetação, construções e outras estruturas com expressão na constituição do bem. A *propriedade imobiliária* diz respeito aos interesses e direitos – de fruição, de utilização, de construção, de exploração, de alienação, de arrendamento, de hipoteca, e outros – e demais prerrogativas associadas à propriedade e à posse do prédio em causa. Corresponde, assim, aos conteúdos do estatuto jurídico da propriedade e da posse.

2.2. A conformação do direito de propriedade pelo Direito do Urbanismo

Em sede de direitos e deveres económicos, a Constituição da República Portuguesa (CRP) reconhece, no artigo 62º, o direito à propriedade privada como direito fundamental. Este direito tem um inevitável conteúdo económico, já que abrange no seu conteúdo a propriedade de meios de produção[34]. O direito de propriedade privada inclui quatro dimensões: o direito de a

---

[34] Como refere António Carlos dos Santos, «*o direito de propriedade privada não é reconhecido como um direito absoluto, podendo ser objecto de limitações ou restrições, as quais se relacionam com princípios gerais de direito (função social da propriedade, abuso de direito), com razões de utilidade pública ou com a necessidade de conferir eficácia a outros princípios ou normas constitucionais, incluindo outros direitos económicos ou sociais e as disposições da organização económica (...)*».

adquirir, ou seja, o direito de acesso, o direito de a usar e fruir, na óptica do exercício, a liberdade de transmissão e o direito de não ser privado dela[35].

Na análise do conteúdo do direito de usar e fruir a propriedade do solo deve partir-se, por um lado, da distinção fundamental entre propriedade rústica e propriedade urbana e, por outro lado, da distinção entre urbanização e edificação.

A propriedade rústica não compreende o direito de urbanizar e apenas pode integrar um direito de edificar funcionalizado à viabilidade das explorações agrícolas. A construção de benfeitorias, incluindo edifícios necessários à prossecução do uso e utilização instalados em meio rústico, pode ser entendida como um direito inerente à propriedade de uma exploração agrícola, sujeito a mera autorização, mas este direito de construção tem natureza distinta do direito de construir em espaço urbano, o qual está sempre dependente de um licenciamento e é atribuído pelo plano ou por uma decisão político-administrativa do órgão competente. Neste quadro, é ainda importante distinguir os prédios urbanos integrados no sistema urbano dos prédios urbanos impróprios constituídos para efeitos fiscais.

A propriedade urbana é aquela que está integrada dentro dos aglomerados populacionais existentes e do perímetro urbano efectivo, não compreendendo os terrenos urbanizáveis[36]. Os direitos de construção em sede de propriedade urbana são atribuídos pelos instrumentos de planeamento do território, os quais podem, nas zonas urbanas consolidadas, limitar-se a reproduzir e a reconhecer os direitos preexistentes[37].

---

[35] Cfr. CANOTILHO, José Joaquim Gomes; MOREIRA, Vital – *Constituição da República Portuguesa Anotada*. Vol. I. Coimbra: Coimbra Editora, 2007, p. 332.

[36] Pode ainda haver propriedade urbana nos casos de empreendimentos turísticos que envolvem parcelamento da propriedade através de operações de loteamento. Observe-se a este propósito que a legislação aplicável aos empreendimentos turísticos tem vindo a facilitar o fraccionamento da propriedade no âmbito deste tipo de exploração para além do modelo do loteamento, permitindo, por exemplo, que, num edifício destinado principalmente a hotelaria, uma percentagem das unidades de alojamento seja registada como fracções autónomas em regime de propriedade horizontal, ficando afectas a um uso quase residencial.

[37] Em qualquer caso, os prédios urbanos têm as construções que neles existem ou que neles se podem realizar descritas nas respectivas escrituras, na certidão de registo predial, na matriz fiscal e, já em muitos casos, nos planos de pormenor e nos alvarás de loteamento. De notar que nem sempre as construções descritas nas certidões, escrituras e matrizes de registo predial se encontram licenciadas.

Neste contexto, há que distinguir os direitos da propriedade, constituídos e consolidados, dos potenciais direitos de desenvolvimento, que não decorrem da matriz da propriedade privada mas de decisões político-administrativas relativas à alteração de usos do solo ou de parâmetros urbanísticos. Note-se que as mais-valias geradas por estas alterações não se encontram identificadas nem são objecto de cálculo na legislação actual, o que tem por consequência que, na prática, se permita a sua apropriação generalizada pelos proprietários e que, paralelamente, este benefício legitime de forma implícita um agravamento progressivo do custo das licenças, taxas municipais e outros encargos cobrados pela Administração Pública.

Há restrições relevantes ao direito de propriedade privada quando estas atingem os direitos inerentes ao uso instalado e à sua normal fruição e utilização. Quando as restrições inibem estes direitos estruturantes da propriedade deve ser reconhecido o direito à expropriação, tendo em conta o seu conteúdo jurídico-económico.

2.3. A avaliação e os direitos da propriedade

Sobre a propriedade fundiária e imobiliária podem incidir diferentes direitos, os quais proporcionam ao respectivo titular o gozo de diferentes poderes e faculdades sobre a coisa que têm por objecto, quer se trate de um terreno, de edifícios ou de solo edificado. O processo de avaliação de um prédio incide sobre as prerrogativas subjacentes aos direitos específicos que recaem sobre o bem imóvel em causa, daí a importância do juízo do perito avaliador sobre o valor inerente aos vários tipos de direitos que podem incidir sobre a propriedade fundiária e imobiliária.

Os direitos sobre as coisas podem ser de natureza real ou obrigacional. Tecnicamente, os direitos reais contrapõem-se aos direitos obrigacionais ou de crédito. Ambos os ramos do Direito estão contidos dentro do chamado direito patrimonial, o qual é constituído pelo conjunto das normas que visam regulamentar os interesses económicos das pessoas.

Do ponto de vista funcional, pode dizer-se que o direito das obrigações visa disciplinar a dinâmica patrimonial, propiciando a mobilidade do circuito económico, e que os direitos reais visam, num sentido oposto, disciplinar a estática patrimonial. Isto porque não é através dos direitos reais que se processa a troca dos bens nem a cooperação das pessoas, pois o que os direitos reais fundamentalmente visam é disciplinar a utilização dos bens pelas pessoas, estando no mundo económico para regular as situações das pessoas relativamente aos bens[38].

O direito de propriedade constitui o paradigma dos direitos reais. À luz do artigo 1305º do Código Civil, que reflecte a concepção tradicional de propriedade herdada do liberalismo oitocentista e individualista, o proprietário detém o *«gozo de modo pleno e exclusivo dos direitos de uso, fruição e disposição das coisas que lhe pertencem, dentro dos limites da lei e com observância das restrições por ela impostas»*. O direito de propriedade é o direito real que confere ao seu titular o máximo de poderes, integrando todas as prerrogativas e poderes que se podem ter sobre os bens. O direito de cada pessoa poder ter a sua propriedade privada e de escolher a quem a transmitir, em vida ou por morte, está garantido no artigo 62º da CRP.

Não é concebível um sistema jurídico que não puna os crimes contra a propriedade, mas, mais do que isso, na nossa sociedade actual, o modelo económico assenta na propriedade individual e, o mesmo é dizer, no direito de propriedade privada. A organização social baseia-se no reconhecimento do valor eminente da propriedade legítima, adquirida por contrato, sucessão hereditária ou pelo exercício prolongado e socialmente útil da posse, protegendo os titulares destes direitos patrimoniais e garantindo que esses direitos vão ser conservados e respeitados. O direito a só ser privado da propriedade mediante justa indemnização ou expropriação apresenta-se, assim, como uma garantia elementar dessa propriedade.

O âmbito dos poderes do proprietário inclui o poder de não usar os bens de que é titular, considerando-se que ao não fazer uso dos seus bens o proprietário está ainda a exercer uma sua prerrogativa legítima. Porém, uma aceitação ampla da legitimidade do não uso e do abandono da propriedade fundiária e imobiliária é inconciliável com a função social desta e contraditória com as numerosas e significativas restrições que incidem sobre a propriedade em nome dessa vinculação social. A formulação individualista de

---

[38] Neste sentido, Mota Pinto refere que «*os direitos reais e a sua disciplina resolvem o problema que se põe a qualquer sociedade, que é o da atribuição e da utilização dos bens. Como e por quem são os bens apropriados? A quem são atribuídos? Como e por quem são utilizados? É na resposta ao problema do domínio, mais propriamente do domínio sobre os bens económicos, que se traduzem os direitos reais*».
Note-se ainda que enquanto o direito do proprietário constitui uma posição jurídica de natureza real, o direito do arrendatário é um direito de distinta natureza, que assenta num crédito perante o senhorio, sem natureza real, muito embora com prerrogativas reforçadas.

propriedade patente no Código Civil convive assim com dificuldade com o princípio da função social da propriedade, o qual é pacificamente reconhecido como um limite imanente ao direito da propriedade, embora não consagrado expressamente no Código ou na CRP.

O princípio da função social da propriedade não é, porém, suficiente para justificar a imposição ilimitada de ónus sobre a propriedade privada fundiária e imobiliária. A assunção pelo Estado de uma função reguladora enquanto defensor dos novos bens públicos imateriais, como o Património, a Cultura e o Ambiente, com maior ênfase desde a segunda metade do século XX, tem levado à imposição de restrições sobre a propriedade que vão muito para além de meras limitações decorrentes da sua função social. Deste fenómeno é exemplo a multiplicação entre nós das designadas "restrições de utilidade pública", que diminuem substancialmente o valor da propriedade sem que o Estado assuma a indemnização dos prejuízos daí decorrentes.

2.4. A avaliação dos direitos

Quando se avalia a propriedade imobiliária, o que se avalia é, em rigor, o direito de propriedade ou os outros direitos que têm aquele prédio por objecto. A propriedade, enquanto bem imóvel correspondente a um prédio rústico ou urbano, constitui o objecto daquele ou daqueles direitos.

O que se avalia é aquilo que é susceptível de troca no comércio jurídico, e o comércio jurídico transacciona direitos: compra e venda da propriedade horizontal de um apartamento, cedência do direito de superfície de um terreno para urbanização ou arrendamento de uma parcela agrícola, por exemplo. Em princípio, os bens imóveis só são postos em jogo no mercado por quem sobre eles detém direitos legítimos. Se assim não for, estamos à margem da lei e no campo da economia paralela, que é reprimida pelos meios coercivos do Estado. O que interessa ao Direito são as coisas legitimamente apropriadas ou as coisas sobre as quais as pessoas têm direitos. Daí que se diga também que o que se transacciona no mercado imobiliário são os direitos de propriedade e outros direitos, reais e de crédito, e não a propriedade urbana ou rústica entendida como a coisa física em si. O que não impede que as coisas físicas constituam o objecto e o fim dos direitos reais sobre bens imóveis, sendo através da sua detenção e posse que se realizam os fins da sociedade (a ocupação das casas que proporcionam abrigo às famílias, o cultivo dos terrenos agrícolas que produzem bens alimentares), pelo que, em última análise, o valor dos direitos é proporcional à intensidade do aproveitamento do bem que esses direitos permitem. Daqui resulta que o valor do direito de propriedade de um imóvel será, em princípio, superior ao valor de um direito de superfície ou de uma servidão sobre um imóvel idêntico, uma vez que, enquanto o superficiário ou o titular de uma servidão apenas detêm poderes limitados, o proprietário possui tendencialmente plenos poderes de aproveitamento do bem.

Do ponto de vista da avaliação dos bens fundiários e imobiliários, é importante que o perito disponha de conhecimentos para identificar e distinguir os diferentes direitos que podem incidir sobre este tipo de bens. Esta importância revela-se numa dupla perspectiva.

Em primeiro lugar, para permitir descrever o *status* da propriedade actual, informando o cliente quanto a possíveis ónus reais ou outros encargos que afectem o bem avaliado e que possam ser relevantes para os seus interesses. Assim, o valor de aquisição de um terreno sujeito a uma servidão deverá ser distinto do valor de um terreno semelhante que esteja desonerado, sendo esta diferença mais ou menos relevante na medida da intensidade concreta das obrigações que o proprietário tem de suportar por força da servidão que onera o prédio, ou na medida da natureza e extensão da servidão em causa. Também poderão ser diferentes o valor de um imóvel arrendado e o valor de um imóvel que está livre para quaisquer usos imediatos, podendo o valor variar na medida do tipo de contrato de arrendamento em vigor, nomeadamente se se trata de contrato com prazo ou de contrato sem prazo.

Em segundo lugar, o conhecimento do universo de direitos reais e outros direitos que têm por objecto os bens fundiários e imobiliários pode ser relevante se o objectivo da avaliação for estimar o valor dos bens com o fim de uma transacção específica. Nesta medida, o mesmo terreno ou imóvel pode ter "valores" muito distintos consoante o fim para que é avaliado.

Um prédio, devido a problemas funcionais ou de conservação, poderá ter um baixo valor no mercado de arrendamento mas um elevado valor no mercado de compra e venda para reabilitação ou renovação. Este desencontro entre o valor do rendimento e o valor de mercado põe em causa a estabilização dos tecidos e conjuntos urbanos e abre o flanco a operações especulativas. Acresce que a erosão do valor das rendas, os encargos com obras de conservação, que, à face da lei, são da responsabilidade do senhorio, e a indisponibilidade em tempo real do prédio arrendado fazem um contraponto com os direitos do inquilino, o que faz toda a diferença entre o valor de mercado de um prédio arrendado e do mesmo prédio livre de quaisquer ónus.

Tem sido política habitual dos programas de construção em Portugal a venda das fracções em propriedade plena, apenas contratualizando uma obrigação de o proprietário não proceder à alienação do imóvel durante um certo número de anos. Ora, o conteúdo do direito de propriedade enquanto direito real, no Direito Português, não conhece esse tipo de limitações e, na prática, na maior parte das vezes, os compradores de casas "a preços controlados", apesar de terem recebido o direito a adquirir a propriedade no âmbito de concursos, por respeitarem certos requisitos pessoais, podem depois alienar o imóvel, a preços de mercado, no uso das suas faculdades de livre "uso, fruição e disposição" dos bens de que são proprietários. Ao fazê-lo correm apenas o risco de uma acção judicial por incumprimento do contrato e, nesse cenário improvável, poderá mesmo acontecer que os terceiros adquirentes estejam de boa-fé, não devendo ser prejudicados, o que aumentaria a complexidade da situação.

Note-se que, juridicamente, para além do arrendamento, é possível celebrar contratos atípicos, como, por exemplo, contratos de comodato onerosos, pelos quais os adquirentes ficam com o direito ao uso de uma fracção imobiliária, podendo nesse contrato estipular-se que esse uso se destina ao fim habitacional e quais os encargos adicionais do comodatário, nomeadamente, o pagamento de um valor à cabeça, de uma renda e a responsabilidade pelos encargos fiscais relativos ao imóvel. Nestes casos, o comodatário não se torna proprietário e não passa a dispor do poder de alienar o bem, permanecendo esse poder na esfera da entidade pública comodante, que continua a ser a proprietária do imóvel. As políticas de solos, em particular as de habitação, têm a ganhar ao recorrer de forma estratégica a estes diversos tipos de apropriação e disponibilização de imóveis, tendo por principal objectivo a satisfação de necessidades de utilizadores directos ao mais baixo custo, obtendo ao mesmo tempo garantias de estabilidade e de conservação do património edificado.

2.5. Interesse, utilidade, domínio e uso públicos

No discurso das instituições sociais e jurídicas em Portugal é frequente o recurso aos vocábulos *interesse, utilidade, domínio* ou *uso público*, sem que a estas expressões esteja subjacente uma clara distinção dos seus significados, de forma precisa, que elucide o pensamento do legislador a quem depende da lei e a aplica. É importante que o Direito ajude a definir o âmbito destes conceitos, de modo a tornar possível uma avaliação clara e casuística das implicações do interesse público, no seu sentido mais lato, nas prerrogativas da propriedade privada.

A conjugação da esfera pública com a esfera privada é um domínio melindroso e que se presta a relações promíscuas. Daí a necessidade e urgência em desenvolver a Teoria do Direito sobre este tema, de modo a dar uma arrumação transparente às distintas competências que cabem à esfera pública e à esfera privada, que, por princípio, devem estar sempre e claramente separadas. Só assim é possível estabelecer relações de cooperação merecedoras de confiança e de respeito.

Em geral, o interesse público não é compatível com a prossecução de usos e actividades que se desenvolvem em propriedades particulares. Casos haverá, no entanto, em que tal poderá, eventualmente, ser concebível. O urbanismo, a lei e o sistema de planeamento do território devem prevenir o potencial conflito entre os interesses da propriedade privada e o interesse público.

A declaração de utilidade pública é uma decisão político-administrativa que radica na necessidade de, por razões de superior interesse público, vincular uma propriedade privada a um uso imperativo ou disponibilizá-la para ser ocupada por instalações de utilidade pública, promovidas por entidades da esfera do Estado, dos Municípios, ou de outros organismos investidos em missões de interesse colectivo. Uma das consequências mais expressivas da declaração de utilidade pública é a de fazer sair o prédio do mercado[39] e implica respeitar o direito fundamental do proprietário optar pela expropriação, no caso de não poder ou não querer conformar-se com esse uso imperativo ou disponibilização.

O conceito de "utilidade pública" encontra-se consagrado no Código das Expropriações, constituindo um pressuposto do exercício do poder de expropriação. Nestes casos, o imóvel será avaliado para efeitos indemnizatórios de acordo com critérios que remetem para o valor de mercado, o que, em princípio, não é suficiente para se chegar ao valor justo de indemnização, porquanto, por um lado, o prédio em causa podia não estar à venda e, por

---

[39] Paradoxalmente, entre nós tem vindo a verificar-se que, por vezes, as possibilidades de transacção dos terrenos são incrementadas após a declaração de utilidade pública, com o surgimento de compras de oportunidade visando adquirir a posição do expropriado com a expectativa de mais tarde vir a beneficiar de uma indemnização arbitrada em tribunal superior à da tomada da posição do expropriado.

outro, o valor de mercado não engloba a indemnização por lucros cessantes e por incómodos devidos à perda do bem.

O Código das Expropriações anterior a 1991 era extremamente penalizador para os proprietários expropriados. As revisões operadas em 1991 e 1999 inverteram de certo modo a situação a favor dos proprietários privados e com grande desvantagem para o Estado e para os Municípios. De qualquer modo, estamos longe de ter uma lei equilibrada, com critérios fundamentados na realidade económica do território e instrutora de uma procedimentalização que assegure a transparência, a justiça e o rigor exigidos pelas expropriações.

A doutrina e os métodos que suportam as avaliações no domínio da aplicação do Código das Expropriações não podem conduzir à disparidade de resultados que se verifica à luz da legislação actual. Frequentemente, os tribunais são colocados perante uma banda de desproporção entre valores peritados tão larga que não chega a permitir fundamentar uma decisão[40]. A elaboração das leis deve, nesta matéria, observar uma estreita articulação com métodos de avaliação reconhecidamente aceites, num quadro de racionalidade e de fundamentação económica que permita resultados mais objectivos e previsíveis.

Num contexto mais difuso e numa linha de salvaguarda de valores mais abstractos surge o conceito de *interesse público*, o qual, ao contrário da *utilidade pública*, é susceptível de conviver com os direitos constituídos sem os afectar, objectivando-se na vontade de conservar o património existente numa perspectiva cultural, sem impedir ou limitar a normal fruição e exploração do prédio no quadro das funções e dos direitos existentes.

Em princípio, a declaração de interesse público é neutra em relação aos direitos da propriedade[41]. Mas, na actualidade, assiste-se a inúmeras inter-

---

[40] Podem citar-se a este propósito o caso da Herdade do Ludo, em Loulé, onde as avaliações, todas elas subscritas por técnicos credenciados, apresentavam valores entre € 1.500.000 e € 65.000.000, e o caso do Parque Urbano de Almada, em que o Município tomou posse administrativa dos terrenos, esperando pagar um valor, estimado pelos Avaliadores camarários, da ordem dos € 1.250.000, tendo acabado por ser arbitrado um valor de expropriação de € 15.000.000.

[41] Mesmo no caso de imóveis que, por motivos de interesse público, estão vinculados a ser mantidos no estado actual, é difícil sustentar a neutralidade do interesse público no presente sistema de planeamento do território, pautado por uma tendência de constante renovação dos prédios antigos com sobredensificação das áreas de construção e correspondente valori-

venções legislativas e administrativas dos poderes públicos sobre a propriedade fundiária e imobiliária que dificultam ou impedem a normal utilização particular dos solos, em especial o direito de explorar a propriedade e de a transformar, nomeadamente através da construção no âmbito das benfeitorias necessárias ao uso instalado. Conforme tem sido reconhecido, os regimes de protecção decorrentes da incidência sobre o solo das designadas "restrições de utilidade pública" podem afectar gravemente o aproveitamento e a utilização de um terreno, mesmo que não se considere a vertente de construção e as formas de utilização do solo[42]. Tem havido uma proliferação enorme destas medidas restritivas, sem atender aos seus efeitos económicos e financeiros sobre os direitos da propriedade, sobre o mercado e, o que não é menos importante, sobre as relações entre a Administração e os cidadãos-proprietários.

O direito à expropriação com a inerente justa indemnização, calculada nos termos legais, constitui a garantia última de que goza o proprietário. Na *ratio* da previsão constitucional e legal do direito à expropriação encontra-se a dupla ideia de que, por um lado, o interesse do proprietário não deve prevalecer sobre o interesse público, pelo que, em caso de um certo bem em regime de propriedade privada se revestir de utilidade pública, esse bem deve poder ser expropriado e, por outro lado, em obediência ao princípio da proporcionalidade, que essa expropriação só pode ser feita com a compensação do proprietário sacrificado, mediante a sua justa indemnização.

A questão que se coloca é a de saber se as restrições de certa magnitude não devem conferir um direito a indemnização, apesar de o Código das Expropriações não prever como indemnizáveis os prejuízos decorrentes das restrições de utilidade pública.

A justificação para a opção legal tem vindo a ser explicada pela doutrina jurídica por recurso ao entendimento das restrições de utilidade pública como «*limitações ao direito de propriedade que visam a realização de interesses públicos abstractos*», ao contrário das servidões administrativas, que consistem em encargos impostos sobre prédios em proveito da utilidade pública de coisas concretas (como por exemplo, a passagem no espaço aéreo de um linha eléc-

---

zação significativa do solo. O sistema actual não está configurado para estas situações que exigem a estabilização e a manutenção do património edificado.

[42] Há alguns casos em que foi proibida toda e qualquer alteração do coberto vegetal ou mesmo o simples pisoteio.

trica). No Código das Expropriações em vigor, apenas estas últimas conferem direito a indemnização, em certas condições, mas não as restrições de utilidade pública.

O sistema assim estabelecido tem de certa forma permitido e facilitado a disseminação destes regimes de "condicionantes", já que, na verdade, o que se consagrou foi a possibilidade de expropriar materialmente certas faculdades normalmente associadas à propriedade, sem onerar as finanças públicas com a obrigação de compensar os proprietários assim prejudicados.

Porém, quando o interesse público restringe, condiciona e afecta as faculdades do proprietário de forma mais intensa, de algum modo lesando o direito da propriedade que é reconhecido pela nossa ordem jurídica como valor eminente, deve justificar-se uma aplicação geral das regras da expropriação por utilidade pública, parametrizando a indemnização devida e legitimando o grau da intervenção pública sobre o território.

Quando as "condicionantes" de interesse público afectam o rendimento da exploração do solo como recurso, de acordo com o uso e utilização instalados e constituídos como direito da propriedade, elas devem conferir ao proprietário o direito à expropriação ou, se este assim o entender, garantir a indemnização pelos prejuízos causados.

Note-se que algumas restrições de utilidade pública têm sentido e devem ser desenvolvidas, e devidamente enquadradas, nos instrumentos de planeamento e no Direito do Urbanismo, mas outras, pelo contrário, configuram-se como intervenções irracionais que apenas multiplicam a conflitualidade e conferem um poder arbitrário aos serviços técnicos da Administração Pública sobre o território.

Nas actuais circunstâncias, a avaliação de um imóvel sujeito a restrições de utilidade pública entra no campo da imprevisibilidade, sendo uma tarefa complexa pela dificuldade em atribuir um valor à depreciação das componentes de utilidade afectadas.

2.6. Domínio público e uso público

O domínio público é constituído por espaços que se encontram, em princípio, em regime de livre acesso, por se considerar que proporcionam certas utilidades que devem ser usufruídas pelo público em geral[43]. O regime jurí-

---

[43] O novo Regime Jurídico do Património Imobiliário Público, aprovado pelo Decreto-Lei nº 280/2007, de 7 de Agosto, não deixa de referir esta concepção ao estabelecer que «*os bens*

dico dos espaços dominiais públicos visa estabilizar e manter essa afectação ao uso público, colocando-os fora do comércio jurídico privado e podendo apenas ser afectos a usos particulares mediante o recurso ao instrumento da concessão.

As concessões encontram-se hoje disseminadas por todas as áreas da gestão dominial pública e correspondem a contratos de direito público, de alguma forma com paralelo na atribuição do direito de superfície do direito privado. Através da concessão permite-se a utilização e/ou exploração de terrenos ou imóveis pertencentes ao domínio público por um certo prazo que tende a corresponder ao prazo de amortização dos investimentos a realizar. As concessões levantam problemas de avaliação específicos, havendo que distinguir os bens da concessão das benfeitorias e demais investimentos realizadas pelo concessionário, bem como estimar o rendimento da exploração.

Note-se que o facto de um espaço ser do domínio público e de uso público não implica que este não tenha qualquer valor. Vejam-se os casos da exploração do estacionamento na via pública e das concessões de exploração de apoios de praia, onde há lugar a negócios que reportam um significativo valor ao solo à margem dos quadros de mercado normal.

As formas de gestão do domínio público estão a assumir crescentemente contornos de exploração puramente comercial, que se presta a abusos como fonte de receitas monopolistas, a pretexto de uma disciplina que apenas beneficia a cobrança e penaliza fortemente o cidadão utilizador. Os custos do parqueamento público têm efeitos que começam a ser preocupantes sobre o imobiliário, em particular dos edifícios cujos utentes dependem do estacionamento na via pública.

2.7. Interesses e necessidades

Qualquer mercado é, por natureza, animado por interesses, com a sua inerente subjectividade, e por leituras e motivações circunstanciais que ditam as decisões dos sujeitos compradores e vendedores num dado momento. As decisões e os comportamentos que têm reflexos sobre as formas de disponibilização, apropriação, uso, utilização e comercialização do território,

---

do domínio público podem ser fruídos por todos mediante condições de acesso e de uso não arbitrárias ou discriminatórias, salvo quando da sua natureza resulte o contrário».

na sua essência, tendem a ser sempre pautadas por necessidades e interesses que, uma vez equacionados e compreendidos, podem ajudar a explicitar e a fundamentar os critérios de avaliação económica e financeira do valor do solo. O imobiliário, enquanto actividade económica, desenvolve-se num plano submetido às regras do mercado. Porém, a actividade imobiliária responde também a necessidades fundamentais da sociedade, onde avultam a questão da habitação, a estrutura do povoamento e o ordenamento do território em geral. A necessidade pode ser, assim, mais do que um interesse.

As necessidades básicas remetem para o universo dos direitos fundamentais, justificando a intervenção reguladora do Estado sobre os comportamentos abusivos ou desviantes do mercado. Por princípio, a intervenção do Estado nas alterações de uso do solo e em todos os processos de autorização e de licenciamento de empreendimentos de iniciativa privada devem ser objecto de uma procedimentalização que impeça o desenvolvimento de poderes técnicos ou corporativos impróprios dentro da Administração Pública.

O direito à habitação é um direito fundamental, e assegurar que os cidadãos têm acesso a uma habitação condigna constitui uma tarefa fundamental do Estado, constitucionalmente consagrada. Há, portanto, um conjunto de necessidades que têm de ser satisfeitas, conjugando de forma positiva a autoridade disciplinadora do Estado com as virtudes e as potencialidades do mercado enquanto espaço de iniciativa e criatividade da sociedade civil.

A intervenção do Estado assume formas diferentes nos diversos mercados fundiários e imobiliários. Há mercados que exigem uma maior intervenção, como é o caso do mercado de solos florestais, cujo uso imperativo implica a instituição do regime florestal e, consequentemente, a assunção do direito à expropriação do proprietário que com ele não se conforme.

2.8. Natureza jurídica do direito a edificar
Tendo em consideração a sua posição central no universo dos direitos que incidem sobre a propriedade, importa analisar qual a natureza jurídica do *jus aedificandi*.

A doutrina está longe de ser unânime na sua qualificação, existindo uma acesa discussão quanto à natureza jurídica do *jus aedificandi*, com posições extremadas a este respeito. Enquanto, para uns, o *jus aedificandi* constitui uma faculdade inerente ao direito de propriedade privada do solo (tese privatista)[44], para outros traduz um direito subjectivo público atribuído pela Administração Pública, não tendo, em consequência, qualquer natureza real (tese publicista).

Para a tese privatista – especialmente defendida na Alemanha – a "liberdade de construção" constitui uma emanação ou um produto do direito de propriedade do solo. Assim, o *jus aedificandi* não é conferido ou atribuído pelo plano urbanístico, tendo este unicamente por função conformar ou moldar o exercício desse direito.

A doutrina que adopta a tese publicista[45] defende que a faculdade de construção é uma concessão adicional de natureza pública, que resulta do sistema de atribuição (*Zuteilungssystem*) do plano urbanístico. Como refere Alves Correia, «*a faculdade de construção não deve ser entendida como um direito subjectivo privado imanente à propriedade do solo, mas antes como um direito subjectivo público concedido pelo acto de plano*». Assim, nega que o conceito jurídico-constitucional da propriedade inclua o "poder de construir", porque está a considerar o direito de construir decorrente de um processo de urbanização.

Em Portugal, o *jus aedificandi* parece ter uma dupla configuração. Numa perspectiva estrita, ou clássica, e tomando em consideração o artigo 1344º

---

[44] Defendida, entre nós, por ASCENSÃO, José de Oliveira – "O Urbanismo e o Direito de Propriedade". *Direito do Urbanismo*, INA, 1989, pp. 324 e ss.; CAUPERS, João – "Estado de Direito, Ordenamento do Território e Direito de Propriedade". *Revista Jurídica do Urbanismo e do Ambiente* 3, Almedina, 1995, p. 112; ANDRADE, José Robin de – *A Revogação dos Actos Administrativos*. 2ª edição. Coimbra: Coimbra Editora, 1985, p. 107; AMARAL, Diogo Freitas do – "Apreciação da Dissertação de Doutoramento do Licenciado Fernando Alves Correia". *Revista da Faculdade de Direito da Universidade de Lisboa*, Vol. XXXII, 1991, pp. 99 a 101; SOUSA, Marcelo Rebelo de – "Parecer sobre a Constitucionalidade das Normas Constantes do Decreto-Lei nº 351/93, de 7 de Outubro (Regime de Caducidade dos Actos de Licenciamento de Obras, Loteamentos e Empreendimentos Turísticos)". *Revista Jurídica do Urbanismo e do Ambiente* 1, Almedina, 1994, pp. 144 e 145.

[45] Cfr. CORREIA, Fernando Alves – *O Plano Urbanístico e o Princípio da Igualdade*. 2ª Reimpressão. Coimbra: Almedina, 2001, p. 348 e ss.; CORREIA, José Manuel Sérvulo; GOUVEIA, Jorge Bacelar de – "Parecer", publicado na obra colectiva *Direito do Ordenamento do Território e Constituição (A Inconstitucionalidade do Decreto-Lei nº 351/93, de 7 de Outubro)*. Lisboa: Associação Portuguesa de Promotores e Investidores Imobiliários, 1998, p. 114; OLIVEIRA, Mário Esteves de – "O Direito de Propriedade e o *Jus Aedificandi* no Direito Português". *Revista Jurídica do Urbanismo e do Ambiente* 3, Almedina, 1995, p. 161; MACHETE, Rui Chancerelle de – "Constitucionalidade do Regime de Caducidade Previsto no Decreto-Lei nº 351/93, de 7 de Outubro (Parecer)". *Revista Jurídica do Ambiente e Urbanismo* 3, Almedina, 1995, pp. 241 e ss.

do Código Civil, ao referir-se que a propriedade dos imóveis abrange o espaço aéreo e o subsolo correspondente à superfície, parece que se inclui o *jus aedificandi* no direito de propriedade. No entanto, como refere Rui Pinto Duarte[46], «*tal preceito (o artigo 1344º do Código Civil) não pode ser interpretado isoladamente, tendo de ser coordenado com as demais normas, nomeadamente as urbanísticas. Dessa coordenação, cremos, resulta que não é possível uma resposta universal. Se o plano urbanístico condiciona o direito de propriedade, este também condiciona aquele*»[47].

Parte da confusão em torno do *jus aedificandi* advém de uma incompreensão das diferenças estruturais entre os conceitos de edificação e de urbanização[48]. A urbanização, etimologicamente, "construção da cidade", é na essência uma competência pública, eminentemente municipal e não passível de constituir uma prerrogativa da propriedade privada.

A partir desta distinção de base, importa evidenciar a distinta natureza da actividade edificatória em meio rústico e em meio urbano. A edificação pode considerar-se uma prerrogativa da propriedade rústica, se for estritamente limitada ao apoio da exploração da terra ou à residência do agricultor.

---

[46] *Ob. cit.*, p. 72.

[47] Importa, neste momento, relembrar as palavras de Menezes Cordeiro, «*as soluções concretas proporcionadas por Direitos Reais evoluem, por fim, em obediência a uma integração sistemática que transcende o tecido civil. Joga, nesse sentido, em primeiro lugar um conjunto extenso de normas de Direito público, especialmente vocacionado para intervir em certos domínios, como os da propriedade imobiliária. Quando se pretende indagar o regime concreto que informa as situações jurídicas reais, no campo imobiliário, apenas se obterá uma imagem desfocada e insuficiente se se limitar a pesquisa ao Código Civil. A faculdade de edificar em solo urbano, por exemplo, encontra-se hoje sujeita a uma multiplicidade de diplomas de natureza administrativa, camarária e fiscal (...). Esta confluência de regras públicas e mistas na determinação do conteúdo último dos direitos reais tem sido mesmo utilizada para explicitar o imobilismo aparente das fontes clássicas: as modificações a introduzir no seio dos direitos reais económica e socialmente mais sensíveis processam-se através de aditivos sediados no Direito administrativo, no Direito económico, no Direito agrário e no Direito do urbanismo. A manutenção, através de codificações diversas e de reformas civis variadas, da integridade do regime jurídico real, resulta, afinal, aparente: toda a matéria tem sido abundantemente mexida, ao sabor das necessidades do momento e dos ventos da história, graças à intermediação de outras disciplinas jurídicas. A verdadeira solução – e é nela, apenas que surge o Direito – compreende-se, afinal, em latitudes distantes das iniciais, e em permanente movimento*». Cfr. CORDEIRO, António Menezes – "Evolução Juscientífica e Direitos Reais". *Revista da Ordem dos Advogados* 45 (I), 1985, pp. 103 e 104.

[48] Para Rui Pinto Duarte, o *jus aedificandi* «*compreende não só a faculdade de construir, mas também as de levar a cabo os actos jurídicos e as operações materiais que possam ser necessárias à construção, v.g. o loteamento e a realização de infra-estruturas urbanísticas*». Cfr. DUARTE, Rui Pinto – *Curso de Direitos Reais*. Cascais: Principia, 2002, p. 70.

Neste último caso a atribuição de *jus aedificandi* é justificada por constituir uma exigência de viabilidade funcional da própria exploração agrícola, da propriedade rústica, alicerçada na exploração da terra no domínio da actividade silvícola e agrícola, onde as construções estão funcionalmente vinculadas àquelas actividades. Nada sustenta que o proprietário de um prédio rústico, perdido no meio do campo, possa arrogar-se prerrogativas de construção no seu terreno de edifícios de habitação colectiva, confrontando o Município com o embrião de um novo aglomerado urbano, com o que isso implica em matéria de extensão das infra-estruturas e de equipamentos sociais.

Pode, assim, afirmar-se que a edificação em espaço rústico constitui um direito do proprietário na medida em que esta não implique nem tenha efeitos semelhantes aos de uma urbanização. Resulta evidente que o direito de propriedade em meio rústico nunca contempla a possibilidade de densificação da construção para outros fins ou o loteamento da propriedade.

A edificação em meio urbano não constitui uma prerrogativa da propriedade do solo nos mesmos termos em que o pode constituir em espaço rústico, uma vez que a construção em meio urbano depende e emerge da decisão de urbanização. Porque a urbanização constitui uma competência pública, os proprietários em meio urbano só podem construir na medida em que a autoridade urbanística o determine através dos planos. Na prática, a edificação em meio urbano é regulada pelos planos urbanísticos e só é admitida na medida em que estes o consagrarem.

Poderemos concluir que o *jus aedificandi* tem diversos significados substantivos e não assume uma natureza una, também por via do plano urbanístico – o qual naturalmente não pode fazer tábua rasa das situações jurídicas que lhe preexistem – e, por outro lado, que há certos conteúdos mínimos potenciais do direito de propriedade, também na vertente do *jus aedificandi*, que o plano urbanístico não pode lesar sem a necessária composição redistributiva.

Atendendo aos argumentos avançados, o *jus aedificandi*, enquanto direito de construção e edificação, constitui-se como uma faculdade inerente ao direito de propriedade na sua configuração original (rústica) desde que funcionalmente vinculado à exploração primária agro-florestal, inserindo-se nesta medida no âmbito conceptual do "uso e fruição" da propriedade. Entendemos, portanto, que o *jus aedificandi* é uma componente do direito de propriedade rústica. E é nesta medida que tem pleno sentido a afirmação de

Oliveira Ascensão, segundo a qual «*o direito de construir é um atributo natural da propriedade imóvel*»[49], considerando esta no seu estado natural.

Em meio urbano, tendo em consideração as tarefas e incumbências prioritárias do Estado, o direito de construção e edificação deverá ser regulado no sentido do ordenamento eficiente do território. As limitações ao direito de propriedade deverão, pois, ser justificadas por razões de interesse público, respeitando o princípio da eficiência, e permanentemente escrutinadas pelo princípio da igualdade entre os cidadãos. Compete ao plano urbanístico desenvolver essa função de regulação administrativa, económica e urbanística do direito de propriedade.

A própria doutrina privatista admite esta vertente quando efectua a distinção entre o conceito de liberdade de construção para efeitos de direito constitucional (*verfassungsrechtlicher Begriff der Baufreiheit*) e o conceito de liberdade de construção para efeitos de direito urbanístico (*baurechtlicher Begriff der Baufreiheit*).

É, pois, nesta óptica que se colocam como desafios às opções legislativas urbanísticas:

i) Avaliar e parametrizar os efeitos dos planos sobre eventuais alterações do valor do solo, considerando eventuais mais-valias e menos-valias, e a sua correcta retenção e redistribuição. Note-se que os PDM de 1ª geração permitiram que as mais-valias simples dos terrenos urbanizáveis fossem integralmente apropriadas pelo proprietário e pelo promotor da urbanização. A apropriação privada das mais-valias simples, embora nunca assumida pelo legislador, é uma consequência prática do regime dos loteamentos urbanos aprovado em 1965 e surge num quadro de falta de clareza legislativa em relação à consideração do direito de urbanizar como uma prerrogativa pública. Neste contexto, constata-se que a consagração da perequação de benefícios e encargos corresponde à redistribuição das mais-valias entre os proprietários privados abrangidos por uma mesma unidade operativa e é uma das faces de um conjunto de opções políticas que renunciam a qualquer retenção na esfera pública das mais-valias simples. Sucede que o direito de urbanizar como prerrogativa privada também nunca é claramente assu-

---

[49] Cfr. ASCENSÃO, José de Oliveira – "O Urbanismo e o Direito de Propriedade". *Direito do Urbanismo*, INA, 1989, p. 319.

mido, pelo que os promotores de urbanizações acedem a esse "direito" pelo crivo de decisões burocráticas e pareceres técnicos que chamam a si o poder de aprovar ou reprovar o pedido de urbanização, nessa medida condicionando a realização das mais-valias sem qualquer procedimentalização ou controlo. Neste contexto, é importante distinguir o valor do terreno rústico, a mais-valia simples gerada pela decisão administrativa de urbanizar, o custo dos projectos das infra-estruturas e outras despesas indirectas da urbanização, os lucros da actividade empresarial de promoção imobiliária e o justo valor do produto final num mercado imobiliário regulado.

ii) Numa vertente produtiva, prever os modelos de financiamento eficiente das infra-estruturas urbanísticas de suporte, numa lógica eficiente. Os sistemas de financiamento das redes deverão ser desenvolvidos de forma a que a expansão urbana interiorize unicamente os seus custos efectivos e não se torne um instrumento de financiamento das despesas gerais dos Municípios.

3. O valor do solo

3.1. Procura e utilidade

Um prédio pode ser objecto de procura por mais do que um segmento de mercado. Por sua vez, a procura faz incidir a sua atenção e escolha por diversos prédios num quadro geográfico mais ou menos alargado. O mercado, enquanto jogo de relações entre a oferta e a procura, estrutura-se em termos de localização geográfica, quantidades, diversidades, características singulares dos prédios, conforto jurídico-administrativo, segurança, número de proprietários vendedores e número de potenciais compradores, etc.

Em princípio, todos os prédios devem ter um sentido útil para os seus proprietários, o qual deve ter correspondência com a sua função social. Porém, a utilidade subjectiva de um prédio na perspectiva de quem compra é diferente da utilidade objectiva determinada pelos métodos do perito avaliador, a qual deve ser economicamente fundamentada e alicerçada no rendimento real e presumido do prédio.

A utilidade está relacionada com o grau de atractibilidade e de interesse que o prédio desperta na procura e também na motivação que o proprietário tem em manter o prédio na sua posse para uso próprio ou para arrendamento. A utilidade tem uma relação directa com a dimensão, a funcionalidade e a localização, e com a sua exposição a um universo de entidades potencialmente interessadas em adquirir um prédio com determinadas características.

É importante distinguir os proprietários utilizadores, que ocupam directamente o seu prédio para habitar, dos que o ocupam para actividades ligadas à indústria, ao comércio, ao turismo, etc. Outro grupo a considerar é o dos proprietários investidores que exploram os seus prédios em regime de arrendamento. Um terceiro grupo é o dos proprietários passivos que não utilizam nem arrendam, mantendo os prédios expectantes em estado de abandono, apostando num jogo especulativo ou cedendo ao simples desleixo.

A única depreciação que é normal e aceitável num prédio é a que corresponde à sua vetustez e que pode ser minorada através do investimento na conservação. Acontece que um prédio pode também sofrer desvalorização devido a problemas de funcionalidade. Os prédios antigos que não têm garagem, elevador, e outros complementos hoje considerados indispensáveis, sofrem naturalmente as desvalorizações daí decorrentes.

A variação do preço do imobiliário deve-se fundamentalmente ao custo do solo, já que os custos dos projectos, da construção e das licenças são controlados pela concorrência e pelas tabelas municipais. A variação dos custos da construção acompanha, quando muito, a taxa de inflação monetária oficial, sendo raro verificar-se um aumento do custo da construção em resultado de um acréscimo de volume de empreitadas que esgote a capacidade de resposta do sector da construção civil.

A determinação do valor do solo é uma delicada questão política que remete para o problema fundamental da disponibilização e utilização real dos prédios para funções produtivas, para a habitação ou para outros fins socialmente considerados como necessários. O valor do solo deve ter como referência o seu *valor de base territorial*, ao qual se acrescentam outros factores circunstanciais que caracterizam e distinguem o prédio em causa, incluindo os desenvolvimentos possíveis que motivam procuras identificadas e reconhecidas.

A avaliação, por natureza, tem um carácter previsional e crítico, é um exercício de antecipação num contexto de permanente mudança. A tarefa de avaliar é tanto mais segura e assertiva quanto mais fluido e informado for o mercado.

O mercado não se auto-regula e carece de uma supervisão, em particular no que diz respeito ao assegurar da tendencial estabilidade e garantia da distribuição dos usos do solo e à procedimentalização das alterações de uso que, por, princípio, devem ter um carácter excepcional. Por sua vez, os preços devem situar-se numa banda compatível com a sustentabilidade económica subjacente ao uso e utilização do solo.

A formação de uma opinião sobre o valor de mercado é fundamentada no cálculo previsional de benefícios futuros, sejam estes correspondentes à simples ocupação e utilização directa, ou provenientes da exploração locativa, ou outras. Os peritos avaliadores devem ter o cuidado de evitar que as suas avaliações contribuam para a inflação dos valores do mercado em resultado da influência psicológica dos interesses dominantes, que se afirma pela publicitação corrente e intensiva dos valores formados no *wishful thinking* da oferta comercial.

Para tornar o mercado mais informado, balizado e transparente, seria recomendável que em cada Município se publicassem regularmente três cartas:

- A carta periódica dos preços de mercado praticados nos últimos três anos, com um relatório descritivo e explicativo;
- A carta dos preços justos elaborada por uma comissão de louvados que resultaria da apreciação crítica do mercado, confrontando as perspectivas da oferta, da procura e dos demais sectores que operam como agentes do mercado;
- A carta com os preços considerados como desejáveis e assumidos como objectivos em sede de instrumentos de planeamento.

3.2. Valor, custo e preço

Na prática da avaliação importa compreender as diferenças de significado subjacentes aos conceitos de valor, custo e preço.

O custo é o preço explicitado previamente para um determinado produto, de tal modo que a procura pode, antes de decidir comprar, ter conhecimento exacto do montante da transacção. O custo pode ser validado pela decomposição dos encargos que se teriam de suportar para a produção de um objecto idêntico, daí os conceitos de custo de reprodução, custo de reposição e custo de substituição. Assim, diz respeito ao investimento efectuado na compra do terreno, projectos e demais encargos com a realização de obras de construção, reabilitação, manutenção e outras despesas susceptíveis de ficarem incorporadas na estrutura física do imóvel ou de lhe serem imputáveis, de algum modo, no cálculo do seu valor.

O preço é determinado no acto da transacção e corresponde ao montante em dinheiro pago pelo comprador ao proprietário vendedor[50]. O preço de um prédio corresponde à quantia em dinheiro acordada para a realização de um negócio, sendo o montante que o comprador aceita pagar e que o ven-

---

[50] Atenda-se a que o comprador está sujeito a outras despesas relativas a impostos, comissões de serviços de mediação e outras.

dedor aceita receber para se efectuar uma transacção num determinado contexto. O preço é, pois, o valor efectivo da transacção, implicando que esta se tenha realmente concretizado e resulta, assim, num facto passível de verificação objectiva.

O valor é uma estimativa que informa as partes interessadas na transacção de um bem e desdobra-se em múltiplos significados que atendem à finalidade da avaliação a que o prédio é sujeito. Por isso, para efeitos de uma avaliação, o termo *valor* tem necessariamente de ser qualificado, podendo ser:

- valor de mercado;
- valor justo;
- valor de uso;
- valor de rendimento;
- valor de substituição ou valor patrimonial;
- valor de caução;
- valor de indemnização expropriatória ou valor de interesse público;
- valor de seguro;
- valor líquido;
- valor de investimento:
- valor de negócio;
- valor de imóveis singulares;
- valor intrínseco;
- valor fiscal ou tributário;
- valor especial.

O valor do solo é um conceito económico que se contrapõe ou que simplesmente difere de outros conceitos de valor, como o valor geológico, o valor cultural, o valor ecológico, etc. Cada disciplina tende a desenvolver conceitos de valor próprios associados ao seu objecto de estudo e isso cria uma certa conflitualidade e confusão na linguagem do urbanismo. A avaliação tratada neste estudo diz respeito aos valores económicos e à sua definição e compreensão.

O valor real da propriedade imobiliária é determinado pelo conjunto de atributos e de características do solo que materializa cada unidade enquanto bem transaccionável. Neste trabalho concentra-se a atenção no caso particular do valor fundiário e do imobiliário em geral, ignorando o que se passa com outros tipos de produtos, mercadorias ou serviços.

Os factores a ponderar na determinação do valor do solo são:
- Localização, considerando a categoria de uso do solo atribuída à unidade territorial onde se encontra o prédio em causa, assim como à classe de uso do solo atribuída ao agregado das categorias de uso onde se encontra o prédio;
- Dimensão do prédio e sua localização relativa à unidade de vizinhança;
- Estatuto jurídico da propriedade, observando os direitos de uso, utilização e construção constituídos ou potencialmente configuráveis com base nas disposições de instrumentos de planeamento territorial plenamente eficazes;
- Sentido útil do prédio, objectivamente determinável através da capitalização do seu rendimento real ou presumido;
- Raridade relativa no contexto dos diversos locais que interessam à procura;
- Expressão do valor arquitectónico e paisagístico e conforto ambiental;
- Interesse afectivo despertado pelo prédio por quem o possua ou por quem o queira adquirir;
- Efectivo poder de compra da procura potencial.

A atribuição de um valor a um prédio pressupõe que essa avaliação tenha sentido e fundamentação na disponibilidade da propriedade e do prédio para assumir esse valor, isto é, o prédio tem valor de mercado se o proprietário estiver interessado e o prédio estiver em condições físicas e jurídicas para que a transacção se possa realizar; terá um valor de caução se o proprietário estiver interessado em hipotecá-lo e houver entidades financeiras que aceitem tomá-lo como caução de um empréstimo.

Esta questão é muito importante para travar comportamentos abusivos na atribuição de valores a prédios que não estão disponíveis para os realizar e, assim, os comprovar ou desmentir. Note-se que a maior parte dos prédios não está nem pode estar no mercado pelo simples facto de estes estarem ocupados pelos seus proprietários – famílias que os habitam ou empresas que neles laboram sem colocar sequer a hipótese de os vender e, muito menos, de os abandonar. Estes prédios, pura e simplesmente, não estão disponíveis para o mercado e, portanto, não é correcto opinar sobre o seu valor.

Sobre o factor localização há que ter em conta que:
- O equilíbrio do mercado relativamente ao factor de localização seria alcançado quando ninguém se sentisse interessado e decidido a mudar

de sítio. A diferença da qualidade e da atractibilidade dos sítios, assim como a sua acessibilidade relativa, reflecte-se no valor dos imóveis e no comportamento das procuras. A apetência de qualquer família ou empresa por se instalar num determinado sítio depende da sua capacidade financeira e não apenas do interesse que esse sítio desperte.
- A concentração de actividades afins que operam no mesmo tipo de negócio gera sinergias e reforça a identidade especializada do sítio para bem de todos, seja da parte da oferta, seja da parte da procura.
- A área de influência de uma actividade comercial ou de um serviço local deve observar a escala da unidade de vizinhança, considerando que há um considerável conforto quando a relação casa-emprego se resolve dentro do perímetro do bairro e permite uma deslocação a pé.
- A funcionalidade da unidade de vizinhança avalia-se também no quadro das economias de escala associadas aos limiares das redes de infra-estruturas, equipamentos e serviços, cuja eficiência se reflecte no tarifário. É muito importante para o mercado imobiliário a competitividade dos sítios relativamente aos impostos, aos preços dos tarifários das redes e à utilização dos diversos serviços públicos.

3.3. Os conceitos de valor

Valor de mercado
Entende-se por *valor* o preço estimado pelo qual se admite que vendedores e compradores de um determinado tipo de bens estariam interessados em transaccioná-los. É importante considerar que o valor é ainda a estimativa de um preço provável para um bem que está disponível no mercado, estimativa essa que só é válida por um dado período de tempo durante o qual não se tenham alterado significativamente as condições que a informaram.

O valor de mercado é definido pelo *Appraisal Institute* como «*o preço mais provável, a partir de uma determinada data, em dinheiro ou em termos equivalentes a dinheiro ou ainda em outros termos precisamente especificados, pelo qual os direitos específicos da propriedade devem ser transaccionados numa situação de mercado competitivo, sob todas as condições de uma transacção justa, na qual o comprador e o vendedor actuem cautelosamente, de forma informada e esclarecida, no seu próprio interesse e livremente, ou seja, pressupondo que nenhum deles se encontra sujeito a qualquer modo de coação indevida*».

Outra definição é dada pelo *International Valuation Standards Committee* (IVSC), que considera que o valor de mercado corresponde ao «*montante esti-*

mado pelo qual a propriedade deve ser transaccionada à data da avaliação, entre um comprador e um vendedor interessados, numa transacção independente e em pé de igualdade, após ter sido colocada no mercado, e na qual ambas as partes tenham actuado com pleno conhecimento, prudentemente e sem coação».

O *Uniform Standards of Professional Appraisal Practice* (USPAP) considera o valor de mercado como «*um tipo de valor, assumido como uma opinião, que pressupõe a transferência da propriedade (isto é, do direito da propriedade ou de um conjunto de direitos reais), a partir de uma determinada data e sob condições específicas estabelecidas nos termos definidos pelo avaliador como aplicáveis na avaliação em causa*».

É importante observar que a USPAP pretende que a definição do valor de mercado mantenha um certo grau de indeterminação, deixando claramente aos avaliadores a tarefa de precisar o exacto sentido do valor de mercado aplicável a cada acto de avaliação concreto e segundo os seus critérios de competência profissional.

A determinação do valor de mercado, definido e ajustado a cada caso particular, decorre:

- da identificação do conjunto dos direitos e prerrogativas da propriedade (direitos reais) envolvidos na avaliação;
- da declaração e ponderação da data e do período de tempo relativamente aos quais a opinião sobre o valor se considera válida;
- da especificação do referencial do valor em dinheiro ou em outras formas de pagamento equivalentes a dinheiro que se assume como base da avaliação;

Teoricamente, os valores de mercado variam inversamente com o aumento da oferta. No caso particular do imobiliário esta variação não é directamente proporcional e tem desdobramentos em função dos sítios, das tipologias dos prédios e das prerrogativas da propriedade. Quando a regulamentação dos planos é pouco flexível à reconversão de utilizações e outras adaptações, o mercado perde vitalidade e o meio urbano empobrece-se. É, portanto, conveniente preservar alguma dinâmica de mudança indo ao encontro das conveniências das actividades sócio-económicas e da própria habitação, ressalvando sempre o respeito pelas boas relações de vizinhança, nomeadamente no que concerne a actividades poluentes ou que de algum modo sejam lesivas do bem-estar da população residente.

O *valor de mercado* é uma opinião previsional sobre o preço mais provável e justo pelo qual o prédio poderá ser transaccionado em data e contexto determinados. Este é, porventura, de entre todos os conceitos de valor, o mais invocado no quotidiano da actividade económica ligado ao imobiliário. Daí que os princípios que enquadram a prática da avaliação sejam importantes para sustentar a base lógica da constituição dos valores e assegurar um bom nível de informação e de formação dos agentes de mercado.

Os valores do mercado dos terrenos edificáveis apresentados pela oferta, incluindo os prédios degradados cujo valor reside apenas no solo, são de tal modo exagerados que nem chegam a ser explicitados, o que leva a concluir que não há da parte dos proprietários uma vontade efectiva de os colocar no mercado e de os vender a quem pretenda construir ou reabilitar. Os proprietários alimentam expectativas irrealistas de subida do valor do imóvel a ponto de não se disporem a transaccioná-lo, considerando o bem um investimento de longo prazo, como se fosse em tudo semelhante à propriedade mobiliária, sem qualquer vínculo à realidade territorial.

Em boa verdade, há uma quantidade muito elevada de prédios devolutos que estão suspensos e praticamente fora do mercado, constituindo um sério problema para a economia nacional. Pesam neste conjunto de prédios os que continuam em processo de herança indivisa.

Valor justo

O conceito de *valor justo*, enquanto conceito jurídico, é, em si, um conceito indeterminado, o que não significa menos rigor na sua interpretação e aplicação. Os conceitos indeterminados não podem ser confundidos com disposições que suportam ou legitimam o exercício de cálculos ou de poderes discricionários, pelo contrário, a eles está subjacente um único sentido possível de interpretação.

Ao ser aplicado a casos concretos, o conceito indeterminado conduz a conclusões e a soluções quase objectivadas, dentro da lógica do terceiro excluído (*tertium non datur*). A indeterminação do enunciado não se traduz na indeterminação da aplicação do mesmo, pelo que o juízo sobre a justeza do valor resultante da avaliação está ao alcance da razão.

Se este juízo, na sua essência, não é simples e acessível, remetendo para critérios e procedimentos que escapam ao domínio das análises objectivas e da argumentação lógica, então o conceito já não é indeterminado mas sim discricionário ou mesmo arbitrário e, nesse caso, não está na esfera do trabalho dos avaliadores.

Alguns autores pretendem que este conceito seja equivalente ao de valor de mercado determinado em condições ideais, o que é aceitável em casos de litigância e expropriação. Quando se espera que da avaliação resulte uma opinião sobre o valor justo, este conceito tem de ser contextualizado no comportamento do mercado, pressupondo que nenhuma das partes interessadas na transacção sofre de qualquer constrangimento, têm igual acesso a uma informação fidedigna e suficiente, e que nenhuma das partes tem pressa a ponto de tomar decisões precipitadas.

Sendo correcta esta interpretação, ela não deixa de ser restritiva porquanto o conceito de valor justo tem um significado mais amplo, devendo operacionalmente prestar-se a ser um indicador e um termo de comparação que permita aferir simples desvios, comportamentos anormais ou erros sistémicos que ocorram nos valores de mercado.

O *valor justo* pode ser avaliado na perspectiva da oferta fazendo o cálculo do custo composto, ponderando cada factor a partir dos preços de mercado e acrescentando a margem de lucro do promotor. No cálculo do custo do factor solo é importante considerar dois cenários e compará-los:

- No primeiro cenário, chega-se ao valor do solo observando os preços praticados na zona e os valores desejados e anunciados pela oferta, assim como os valores considerados desejáveis e razoáveis na perspectiva da procura, sabendo-se que este último valor de referência não aparece de forma muito explícita no mercado, não sendo, portanto, fácil de objectivar[51];
- No segundo cenário, a análise do preço do solo urbano, para ser mais precisa, seria decomposta em quatro partes:
- O valor do solo rústico sem direitos de urbanização;
- O incremento de valor do solo rústico ao receber administrativamente o direito de alteração para uso urbano com os respectivos índices de construção e direitos de utilização;
- Os encargos de urbanização, incluindo todos os custos, nomeadamente os relativos a projectos, obras de infra-estruturação, licenças, taxas, registo dos lotes e custos de financiamento e comercialização;
- As margens de lucro da operação.

[51] Tem sentido que uma política de solos considere necessário actuar a partir do conhecimento do nível de vida dos diversos estratos sociais e dos orçamentos e capacidades económicas das empresas, de modo a assegurar uma regulação do mercado imobiliário.

No segundo cenário, o primeiro incremento corresponde às mais-valias simples, sendo particularmente difícil parametrizar e controlar a retenção e distribuição deste valor "trazido pelo vento". Os valores referidos, não obstante serem muito diferentes na sua génese, misturam-se e prestam-se a grandes confusões, nomeadamente no cálculo do valor indemnizatório em processos de expropriação por utilidade pública.

Especialmente no caso de terrenos rústicos classificados e parametrizados em PDM como urbanizáveis, convenhamos que não é correcto atribuir a uma parcela de solo rústico urbanizável valores idênticos aos valores de mercado da área de construção autorizada indexada ao solo, pressupondo que este está servido de todas as infra-estruturas, equipamentos e serviços previstos em plano, uma vez que as infra-estruturas não estão ainda realizadas. A operação urbanística ainda não está materializada, não tendo havido ainda alteração de solo rústico para solo urbano. A amplitude de variação do valor do solo encobre realidades distintas, como sejam o valor do solo rústico urbanizável e o valor do solo já urbanizado.

Valor de uso

O conceito de *valor de uso* não está estabilizado. Na literatura anglo-saxónica da avaliação imobiliária é definido como o valor que uma propriedade específica tem para um uso e utilização específicos, que podem ser os melhores e os mais rentáveis para essa propriedade ou qualquer outro uso e utilização especificados como uma condição à partida para efeitos da avaliação.

O valor de uso é determinado tendo em consideração que o prédio se enquadra num uso e utilização específicos, sendo então calculado no contexto de uma actividade económica concreta que integra e ocupa o prédio em causa. Há aqui uma restrição, um confinamento, que contrasta com o critério do uso mais rentável e mais vantajoso, cingindo-se a um uso particular especializado, com tudo o que isso implica de adaptação singular do prédio.

O valor de uso instalado ou de algum modo pré-definido corresponde a um conceito diferente do valor de mercado, embora possam coincidir. O valor de uso designa-se de efectivo quando se aplica a propriedades que estão ocupadas por uma determinada actividade económica, a qual pode não corresponder àquela que proporcionaria o mais alto valor ou a maior rentabilidade do prédio (*highest and best value*).

Nos prédios com instalações especiais, cujas construções só têm utilidade para empresas muito específicas, o valor de uso assume uma razão de ser muito forte. Em caso de cessação da actividade, estas estruturas ficam obsoletas e podem depreciar muito a propriedade devido aos custos de demolição. Por outro lado, se a actividade está em plena prosperidade, o valor de uso pode ser superior ao valor de mercado.

Para alguns autores portugueses, o valor de uso decorre da apreciação subjectiva que o proprietário ou um interessado comprador fazem da propriedade em causa, envolvendo juízos de carácter afectivo, de gosto ou outras razões do foro pessoal que suportam um interesse e uma motivação que transcendem as razões subjacentes à lógica do mercado.

Valor de rendimento

O *valor de rendimento* é o valor correspondente à capitalização do rendimento proporcionado pelo prédio. Este rendimento pode ser estimado com base nas rendas auferidas pelos proprietários de prédios colocados no mercado de arrendamento. A capitalização deve ser feita a uma taxa de juro compensadora aplicada à renda líquida anual, isto é, descontadas todas as despesas e encargos fiscais associados ao prédio que o senhorio tem de suportar.

O volume dos encargos e riscos que o proprietário (em particular, o senhorio) tem de suportar, bem como a desvalorização que o prédio sofre por estar arrendado, são de tal monta que desmotivam a oferta no mercado de arrendamento. À luz do actual código do Imposto Municipal sobre Imóveis, a circunstância de os encargos com o imposto sobre o património imobiliário serem deduzidos na despesa e não à colecta desincentiva o investimento em prédios de rendimento, e pode dizer-se que cria uma situação de dupla tributação. Estas dificuldades que o arrendamento enfrenta, na prática, entram em contradição com a vontade de fomentar o mercado de arrendamento unanimemente expressa nos discursos políticos. Uma possível solução estaria na adopção de um regime simplificado de tributação desta renda através de uma taxa liberatória.

O tratamento diferenciado de prédios de rendimento, idênticos, invocando o estatuto e o perfil do proprietário, confere um carácter analítico a um imposto que deveria atender apenas ao prédio em si, e tal distorce o mercado do arrendamento e viola os princípios da igualdade e da justiça fiscal. A redução da renda líquida e, concomitantemente, do valor de rendimento, distanciando-o do valor de mercado, não é economicamente saudável, recomendando-se, portanto, que, em processos de avaliação, se compare a renda bruta com a renda líquida, analisando os encargos e os factores que a distanciam.

O montante da renda determinado pela relação entre a oferta e a procura não deixa de ser significativamente afectado pelo regime do crédito para a compra de imóveis. A procura irá sempre comparar os montantes da renda com o encargo mensal a pagar à banca no caso de optar pela compra com recurso ao crédito. Neste contexto, o valor de rendimento quase se desliga do valor de mercado e a questão problematiza-se interpelando as políticas económicas do imobiliário.

Valor patrimonial

O *valor patrimonial* corresponde ao montante do investimento realizado e materializado no imóvel, podendo dizer-se que equivale ao somatório dos custos de construção e constituição do prédio. Este valor pode ser superior, inferior ou igual ao valor de mercado.

Valor de caução

O crédito hipotecário para habitação tem especificidades que o demarcam do crédito para a aquisição de outro tipo de imóveis, nomeadamente prédios rústicos destinados a actividades agrícolas e florestais ou solos urbanizáveis destinados a usos não habitacionais. Os critérios correntes das instituições financeiras que operam em Portugal observam uma grande prudência na concessão de crédito para a compra de prédios rústicos. No entanto, no caso de empreendimentos turísticos e mesmo de urbanizações correntes, é frequente avaliar o solo para servir de caução à concessão de crédito para financiar as obras de infra-estruturação e construção.

A avaliação para efeitos de concessão de crédito deve ser acompanhada por ambas as partes (a entidade que empresta e o comprador), podendo haver duas avaliações, encomendadas por cada uma das partes e com partilha da informação. Da parte dos avaliadores é importante, e constitui uma salvaguarda da independência da avaliação, garantir que o comprador não estabelece qualquer acordo com a entidade de crédito durante o trabalho de avaliação. É ainda importante não confundir o avaliador com o gestor do crédito, sendo este último aquele que decide sobre o montante do empréstimo e autoriza a sua concessão. A tarefa do gestor deve ser completamente separada da tarefa do avaliador com vista à determinação do valor de caução do prédio como garantia do empréstimo. O avaliador deve trabalhar com total independência, sendo-lhe interdito receber qualquer tipo de instrução ou de informação sobre os interesses particulares do comprador ou da entidade de crédito relativamente aos montantes ou às condições casuísticas do empréstimo.

Há que distinguir os empréstimos para a aquisição de bens imóveis operacionais (espaços prontos a ser utilizados e a proporcionar rendimento), que se prestam a uma avaliação mais rigorosa e mais segura, dos empréstimos para financiamento de empreendimentos onde o bem não está operacional. Neste último caso, o que há de substancial à partida é o solo com os seus direitos de construção e de utilização, à espera que se realize o empreendimento. Nestas situações, os empréstimos carecem de um faseamento e de uma monitorização que assegure que o dinheiro emprestado está a ser correctamente aplicado no empreendimento. Deve ser verificado até que ponto o nosso sistema de crédito hipotecário diferencia estas duas situações.

O mesmo imóvel é avaliado com critérios e sob perspectivas diferentes conforme a finalidade e o perfil da entidade que pretende aceder ao crédito. Desta forma, a avaliação de imóveis residenciais para efeitos de crédito para habitação própria segue critérios diferentes da avaliação dos mesmos imóveis para outro tipo de transacções em que intervêm agentes profissionais do mercado, promotores ou mediadores imobiliários.

Os termos e finalidades da avaliação devem ser acordados por escrito com o interessado comprador e com a entidade de crédito.

É importante o estudo da relação entre os valores de mercado e os valores de caução adoptados pelas instituições financeiras. Note-se que a sobreavaliação dos imóveis para efeito de concessão de crédito destinada à sua compra arrasta e distorce o valor de mercado para valores inflacionados e, consequentemente, aumenta o risco do crédito e mina os alicerces das instituições financeiras, induzindo o efeito de bolha no mercado imobiliário.

Curiosamente, o contrato de crédito prevê que, em caso de incumprimento por parte do devedor, o prédio seja reavaliado para ir à praça e, se a receita da venda não cobrir o montante em falta, a diferença mantém-se em dívida a favor do banco.

A desregulamentação do crédito hipotecário associada a critérios de sobreavaliação dos imóveis para cobrir montantes de empréstimos destinados a despesas que não só a da compra do imóvel em causa é um dos factores que contribuem para iludir e inflacionar os valores de mercado. Também por razões de ética profissional, está interdito aos avaliadores dar cobertura a este tipo de operações, sendo seu dever desaconselhá-las.

O sistema financeiro, enquanto fonte de financiamento onde se disponibiliza capital para a aquisição de solo rústico ou de prédios edificados ou para a realização de obras de melhoramento dos espaços rústicos, de infra-estruturas em operações de urbanização e de construção de edifícios, é uma componente complexa, com um imenso poder de influência nas dinâmicas dos usos e utilizações do solo, no mercado imobiliário e na economia do território em geral.

O aumento do período de amortização dos empréstimos para horizontes imprudentes, na medida em que permite uma redução dos encargos mensais, convida a um aumento dos preços, que passam a ser parametrizados em função da prestação mensal suportável pela procura e não tanto em função do valor justo do prédio. Neste quadro, somos levados a concluir que um crédito desregulado pode viciar os valores de mercado e, no longo prazo, pôr em causa a segurança do próprio sistema financeiro.

O rigor e as restrições que a lei deve impor à concessão de crédito caucionado pela hipoteca de imóveis para habitação têm por finalidade defender as pessoas que recorrem ao crédito de abusos por parte das entidades prestamistas. As regras disciplinadoras do crédito devem visar:

- Obstar a que as pessoas se endividem para além das suas possibilidades;
- Não permitir que as "facilidades de pagamento" do empréstimo ocultem uma prática especulativa com aumento do preço dos imóveis e aprisionamento a encargos complementares, como sejam o seguro de vida e o seguro do próprio imóvel hipotecado;
- Não permitir que a entidade prestamista imponha condições que restrinjam de forma imprópria os direitos reais da propriedade sobre o prédio adquirido;
- Observar até que ponto se está perante um empréstimo de dinheiro ou perante um caso bem diferente e algo semelhante ao de uma renda resolúvel;
- Avaliar até que ponto as condições e o enquadramento do crédito hipotecário fazem uma concorrência que marginaliza os senhorios enquanto proprietários de prédios de rendimento.

Não deve encarar-se como negativa uma regulamentação mais restritiva e disciplinadora do crédito à habitação, estruturando-o a um nível compatível com a coexistência do mercado de arrendamento urbano, numa perspectiva de oferta privada e pública.

As normas que regulam o sistema financeiro orientam-se no sentido de obrigar as entidades que detêm activos, nomeadamente imobiliários, a reconhecer, assumir e divulgar eventuais perdas por imparidade. A imparidade verifica-se quando o valor escriturado e contabilizado do activo imobiliário é superior àquele que ele pode alcançar mercado no momento actual.

Valor de indemnização para expropriação
A avaliação é um instrumento particularmente importante e sensível para informar os tribunais em processos litigiosos, nomeadamente de expropriação. O legislador, quando reviu o Código das Expropriações em 1991, procedeu a alterações profundas e adoptou critérios muito contrastados com a legislação anterior, que seguia um modelo em que o valor de expropriação era essencialmente referido ao valor de rendimento do prédio com o uso e a utilização nele instalados.

Ao mesmo tempo, nas últimas décadas, as prerrogativas da propriedade privada têm sofrido uma erosão não assumida devido a intervenções avulsas e juridicamente não controladas, a coberto de variada regulamentação e de instrumentos de planeamento do território[52].

Este conceito prende-se com o de valor de expropriação por utilidade pública. Por princípio, o interesse público aplica-se à necessidade de ocupar prédios para que estes passem a obedecer a objectivos de políticas públicas no quadro das competências do Estado e dos Municípios, afectos a fins que os colocam fora do mercado. Este conceito, por vezes, assume contornos vagos quando se associa a designações tais como "valor natural", "valor estético", "valor cénico" ou "valor cultural".

No processo de avaliação, justifica-se que um terreno privado, ao ser expropriado por interesse público, tenha um valor de expropriação superior ao valor de mercado, no sentido de compensar e indemnizar o expropriado,

---

[52] Note-se que as restrições de interesse público que afectam a propriedade privada claramente definidas no Direito são: (1) a obrigação de pagamento de impostos que incidem especificamente sobre o património imobiliário ou sobre os rendimentos que esse património proporciona; (2) o direito de o Estado poder a qualquer momento tomar posse administrativa da propriedade privada através de uma expropriação, contra o pagamento de uma justa indemnização; (3) a obrigação de cumprir as normas legais e regulamentares no que diz respeito ao ordenamento do território, às regras sanitárias e de segurança. As restrições de interesse privado sobre a propriedade são as servidões e restrições de vizinhança.

o qual, para todos os efeitos, está a ser violentado por uma "venda coerciva". As orientações do *Appraisal Institute* recomendam que o valor de interesse público seja 25% superior ao valor de mercado. Porém, este agravamento só é justificado quando o prédio objecto de expropriação está a ser utilizado ou de algum modo explorado pelo proprietário, o qual, para além da perda do prédio, é penalizado pelos incómodos de procurar um prédio alternativo. Há aqui que considerar se existe um bem sucedâneo, isto é, um prédio de substituição no sentido literal do termo, considerando a sua localização relativa, disponibilidade no mercado, custos de aquisição e custos e perdas envolvidos na mudança.

A expropriação de solos rústicos trazidos à posse pública para serem urbanizados tem sido sempre motivo de controvérsia, em grande parte por não haver uma clara configuração legal do direito de urbanizar enquanto competência pública, acautelando o momento e a forma como o investimento privado entra na promoção imobiliária.

Ao criarem o conceito de "solo urbanizável", os PDM, na prática, passaram a conferir aos proprietários dos terrenos como tal classificados um quase direito de urbanizar, o que se traduziu numa valorização extraordinária desses solos rústicos. Apesar de, na boa doutrina urbanística, os PDM não constituírem direitos para particulares, o Código das Expropriações em vigor estabelece que o cálculo do valor da indemnização de um prédio depende da classificação que lhe é dada em instrumento de gestão territorial. Esta disposição vai no sentido de legitimar como adquiridas as mais-valias virtuais do solo urbanizável.

Merece também atenção o caso dos prédios em ruínas. De facto, a degradação dos centros históricos decorre em larga medida de expectativas de captação de ganhos especulativos, sem qualquer esforço, em resultado de uma retenção abusiva do património imobiliário, sonegando-lhe o seu sentido útil e a sua função social. O valor de expropriação não pode integrar estes incrementos de origem especulativa, validando estratégias deliberadas de degradação do património edificado, sob pena de impedir a reabilitação urbana e o normal funcionamento do mercado imobiliário neste segmento.

Estas ambiguidades e contradições dão origem a grandes indeterminações que dificultam o trabalho do avaliador. Em resultado da revisão do Código das Expropriações de 1991, o Estado e os Municípios viram muito agravados os encargos das expropriações, que se situam em valores por vezes absurdamente superiores aos valores de mercado, a ponto de ser possível afirmar que se passou de um regime de injustiça para o expropriado para uma situação diametralmente oposta.

Note-se que, curiosamente, a grande maioria dos terrenos classificados como urbanizáveis nos PDM tem uma probabilidade muito reduzida de vir a ser efectivamente urbanizada, o que coloca o mercado perante uma oferta com valores virtuais e incertos, com efeitos nocivos no ordenamento do território, no mercado fundiário e no próprio sistema financeiro, uma vez que estes prédios se prestam a ser constituídos como activos de crédito hipotecário, claramente sobreavaliados com base na classificação do PDM.

Ainda no âmbito das expropriações por utilidade pública, as entidades públicas enfrentam o problema da incerteza sobre os montantes que terão de ser pagos a título de indemnização em sede de decisão final arbitrada no processo judicial expropriativo. Tal é a banda de variação entre os valores estimados pelos avaliadores para o mesmo prédio[53], resultante da confusão gerada pela intervenção dos instrumentos de planeamento nas prerrogativas da propriedade, ao mesmo tempo que se tolera o abandono e a degradação física da propriedade, sonegando-a à sua função social e ao próprio mercado. No caso de se ter verificado tomada de posse administrativa do terreno antes da decisão judicial, a entidade expropriante fica obrigada de forma irreversível a pagar o montante estipulado pelo juiz, mesmo que esse montante seja incomportável a ponto de anular o próprio interesse público visado com a expropriação.

Em conclusão, é do mais elementar bom senso exigir-se que o mercado imobiliário tenha uma transparência e uma previsibilidade que permitam que o custo da expropriação se defina numa banda de incerteza suficientemente estreita para enquadrar e dar confiança às decisões dos agentes do mercado.

---

[53] Na prática actual, é possível observar que os critérios de definição do valor de expropriação variam por vezes em função da entidade expropriante. Enquanto que, perante expropriações promovidas por entidades que praticam expropriações em massa, como a EDP ou as Estradas de Portugal, os tribunais se socorrem de uma jurisprudência atípica decorrente dos casos precedentes de expropriações promovidas pela empresa, o mesmo não acontece em expropriações singulares promovidas por Municípios, que são confrontados, em fases adiantadas do processo expropriativo, com valores imprevisíveis e mesmo incomportáveis. Torna-se importante estabelecer critérios de avaliação e desenvolver uma jurisprudência que assegure o tratamento leal e justo de todos os processos expropriativos, independentemente do poder económico e da capacidade de argumentação jurídica dos intervenientes.

A distinção entre o conceito de *utilidade pública* e o conceito de *interesse público* e os fundamentos de cada um deles é relevante. Enquanto a declaração de utilidade pública dá lugar à expropriação, a qual representa na maior parte dos casos um negócio muito vantajoso para o expropriado, sucederam-se nas últimas décadas diplomas legais que prevêem a "salvaguarda" de bens de interesse público que dão lugar a restrições de utilidade pública, as quais podem retirar ao imóvel grande parte, se não a totalidade, das suas possibilidades de aproveitamento normal mas que, longe de concederem aos proprietários o direito à expropriação, se configuram como significativas desvalorizações dos imóveis afectados, sem conferir, à luz do Código das Expropriações, qualquer direito a indemnização.

Neste quadro, devem também distinguir-se as situações em que a expropriação se deve a causa imputável ao particular, por incumprimento das suas obrigações como proprietário, daquelas em que o expropriado é vítima de um sacrifício anormal face ao comum das pessoas.

Valor de venda forçada
Não confundir o conceito de valor de expropriação com o de valor de venda forçada. Enquanto o primeiro se reconduz a uma das prerrogativas fundamentais do direito da propriedade e tem por finalidade defender ou salvaguardar os interesses do proprietário quando confrontado com a necessidade iminente do interesse público, já a venda forçada decorre de circunstâncias subjectivas do próprio proprietário, que o obrigam a liquidar os seus bens precipitadamente. Nestes casos a avaliação deve ser muito cautelosa, no sentido de não tomar como referência em método comparativo os valores de vendas realizadas nestas condições anormais, a ponto de apresentarem preços discrepantes e que claramente não sejam representativos de uma transacção livre.

Valor de seguro
O *valor de seguro* corresponde à totalidade ou a parte dos custos de reconstrução e de reposição da estrutura física face a riscos de sinistralidade. A fixação do valor de seguro serve de base a um contrato onde se conjugam os interesses e as responsabilidades do segurado e da entidade seguradora. O Estado, na sua vertente legislativa, é cada vez mais chamado para regular a prática seguradora de coisas específicas.

Em Portugal, desde 1994 que o seguro contra risco de incêndio de edifícios passou a ser legalmente obrigatório quando os imóveis se encontrem em propriedade horizontal, quer quanto às fracções autónomas, quer relativamente às partes comuns. Já os edifícios em propriedade plena não se encontram genericamente sujeitos a essa obrigação legal de seguro.

O seguro de imóveis incide, naturalmente, sobre a parte perecível dos mesmos, que corresponde à construção e ao seu recheio, não tendo sentido segurar o solo nem incluir o valor deste no cálculo do prémio do seguro.

A tarefa do avaliador é aqui importante para ajudar a esclarecer quais as componentes do património mais sujeitas a riscos passíveis de seguro e qual o valor da coisa segurada e a correspondência com o custo do seguro, assim como a responsabilidade da entidade seguradora, de modo a sustentar uma base contratual transparente, justa e garantida.

Valor líquido (equity value)

O conceito de *valor líquido* corresponde ao total do valor de mercado de um prédio subtraído dos encargos em débito que recaem sobre o mesmo. No caso dos prédios adquiridos com recurso ao crédito hipotecário, o *valor líquido* é calculado subtraindo ao *valor estimado de mercado* o montante da hipoteca ainda em dívida e outros ónus financeiros que incidam sobre o imóvel.

O *valor líquido* de um imóvel adquirido com recurso ao crédito aumenta à medida que o seu proprietário vai amortizando o empréstimo contraído para a sua compra, podendo também aumentar em resultado de uma eventual valorização do imóvel no contexto do mercado.

No caso dos prédios arrendados até aos anos 70, o facto de o prédio estar arrendado poderia ser considerado um garante do seu valor, na medida em que havia uma relação normal entre a capitalização do rendimento efectivo do prédio e o seu valor de mercado.

Depois dos anos 70, num período de forte desvalorização da moeda, de inflação e com a agravante do congelamento generalizado das rendas em 1974, a capitalização do rendimento efectivo passou a corresponder a valores cada vez mais inferiores e distantes dos valores de mercado. Neste contexto, justifica-se na determinação do *valor líquido* considerar como factor de minoração o valor do ónus correspondente ao facto de o prédio estar arrendado por montantes condicionados pelo congelamento das rendas. Este factor de minoração pode corresponder ao encargo da indemnização que deve ser paga ao inquilino para este libertar o prédio.

Assim, no cálculo do valor líquido de uma propriedade onde a única componente que suporta o valor é o solo limpo, é necessário verificar os seguintes factores:
- Montante a pagar ao proprietário do prédio;
- Montante da indemnização a pagar a eventuais locatários com vista à libertação completa do prédio;
- Custos associados a eventuais demolições e limpezas, de modo a regularizar a situação estrutural do prédio;
- Outros encargos envolvidos no processo de compra.

Valor de investimento

O *valor de investimento* corresponde ao valor de um determinado prédio para um investidor singular, observando os requisitos do respectivo programa e das suas intenções e exigências. Trata-se de um valor calculado para o caso particular de um investidor concreto e, portanto, a avaliação deixa de ser geral para ser personalizada na procura assumida por um sujeito distinto que foca o seu interesse em adquirir um prédio também particularizado para fins claramente enunciados e tidos como quase exclusivos desta relação.

Valor de negócio

Quando um prédio pertence à entidade que o ocupa e o utiliza para as suas actividades correntes, prevendo-se que continuará a ocupá-lo por tempo indeterminado, ao seu valor de mercado acresce um valor logístico e funcional devido ao facto de ele ser quase imprescindível num contexto operacional que tem uma dimensão intangível.

Além do valor de mercado alicerçado no valor do terreno e da construção, há que considerar aqui o valor do prédio como bem de produção, no quadro da actividade em que é utilizado e que, até certo ponto, o torna conjunturalmente indisponível para ser lançado no mercado. Em circunstâncias normais, dentro de um mosaico territorial estabilizado, o valor do negócio é superior ao valor de mercado. Podemos, contudo, encontrar situações em que o valor de mercado se desliga dos parâmetros urbanísticos existentes, criando uma situação expectante onde o valor de mercado potencial, decorrente de uma alteração do uso do solo ou de sobredensificação incompatível com a actividade existente, seja por si gerador de um valor de mercado esperado e futuro superior ao valor de negócio actual.

Valor intrínseco

O conceito de *valor intrínseco* aplica-se a prédios que, devido às suas características ou por razões conjunturais, estão fora do mercado mas que nem por isso deixam de ter um valor de base, sustentado pela territorialidade real e essencial do prédio, pelo seu enquadramento local, onde pesam os interesses do proprietário que o detém e o sentido útil que a sociedade lhe atribui. O *valor intrínseco* tem algo em comum com o conceito de renda absoluta, o qual pressupõe que toda a propriedade fundiária, por muito pobre que seja o solo, é passível de proporcionar uma renda, por muito residual que se apresente.

No caso de monumentos, equipamentos e jardins públicos e outros imóveis que não se vislumbra poderem vir a entrar no mercado e sobre os quais não tem sentido opinar um valor de mercado, não deixa de ser por vezes economicamente necessário atribuir-lhes um valor, recorrendo-se neste caso ao conceito de *valor intrínseco* estimado com base no método do custo, considerando o valor patrimonial tangível e intangível.

Este conceito é importante para unificar o planeamento económico do território. A vertente orçamental tem, necessariamente, de incluir os custos associados ao espaço público (praças, avenidas, jardins) e a outros custos envolvidos com a manutenção de monumentos e de equipamentos sociais que temporária ou definitivamente estão fora do mercado. Nestes casos tem sentido o conceito de *valor intrínseco*, não havendo lugar a um *valor de mercado*, a não ser num cenário hipotético em que tenham sido removidas as circunstâncias que estão a colocar essa parcela concreta de solo fora do mercado.

A questão económica e financeira do imobiliário não se esgota no mercado. Note-se que os espaços públicos têm custos de manutenção, partes que podem ser alugadas para esplanadas, zonas de estacionamento pago e redes de infra-estruturas exploradas por empresas concessionadas. Confrontamo-nos, portanto, com uma gestão complexa de parcelas do território que, não estando no mercado imobiliário tradicional, têm valores intrínsecos emergentes que desafiam as técnicas de avaliação com novas questões.

Valor de base territorial (land value)

Este conceito de valor diz respeito ao valor do solo considerando a dimensão da parcela, a sua localização relativa, direitos de construção constituídos, fraccionamento do seu potencial de construção e respectivas utilizações. É, portanto, um valor que incide exclusivamente sobre o solo enquanto componente fundamental e basilar da propriedade imobiliária, abstraindo-se do investimento aplicado e desenvolvido pelo proprietário. Está-se perante um conceito de valor especialmente relevante para uma política de solos consequente na articulação entre os conteúdos dos planos territoriais e os comportamentos do mercado imobiliário visando uma regulação dos preços do solo no sentido de travar o passo à especulação e de dar fluidez ao próprio mercado.

A avaliação e a divulgação do valor de base territorial desenvolvidas no âmbito da competência do planeamento do território têm um significado de referência para o mercado, principalmente se este valor for adoptado como base de incidência para efeitos de tributação do património imobiliário.

O valor de um prédio é composto por dois conjuntos de factores: um que depende da vontade e da capacidade de investimento do proprietário; e outro que é determinado por decisões na esfera do poder político-administrativo do Estado e dos Municípios. Este último conjunto de factores determina o valor de base territorial.

A classificação dos usos do solo, os parâmetros urbanísticos associados à urbanização e à construção, a própria estrutura da rede urbana e a hierarquia das suas centralidades são matéria que decorre de decisões e de procedimentos político-administrativos que permitem uma regulação da expansão urbana e, portanto, da oferta imobiliária e, neste contexto, prestam-se como instrumentos reguladores do valor e do preço do solo. Assim, no conteúdo dos planos territoriais deve constar um capítulo de análise do mercado imobiliário, numa vertente crítica, observando se há equilíbrio entre a oferta e a procura e se os preços praticados se situam numa banda de razoabilidade. As propostas do plano devem explicitar os valores de base territorial considerados desejáveis e assumi-los como objectivo do plano.

O conceito de *valor de base territorial*, ao contrário do que pode parecer a partir de uma leitura menos atenta, respeita sobremaneira as legítimas prerrogativas da propriedade privada, porque permite separar a componente do valor que decorre do solo em si e de decisões públicas da componente que é devida ao mérito do proprietário, incluindo aí a sua capacidade de investimento, de risco e de sucesso empresarial.

Quanto mais controlado, razoável, economicamente significante e ajustado ao rendimento for o valor de base territorial, mais disponível fica o solo para o desenvolvimento e o bom ordenamento do território e mais neutra pode ser a política fiscal relativamente ao investimento privado na exploração e qualificação do imobiliário.

Convenhamos que se está aqui perante um valor fortemente determinado pelas políticas territoriais: se estas forem positivamente interventivas, o preço do solo tenderá a ser moderado, em benefício dos promotores, do sector da construção civil, dos investidores em prédios de rendimento, dos consumidores finais e da segurança do sector financeiro; caso contrário, se as políticas forem passivas e demissionistas, deixando o mercado de solos desregulado, tal irá induzir e favorecer o açambarcamento de prédios em estado de abandono e de degradação, sonegando-os ao mercado onde são insinuados a preços proibitivos. Acresce que o valor do solo desregulado é um obstáculo à reabilitação urbana. Há, portanto, uma responsabilidade política no cálculo de um valor de base territorial justo, fundamentado e sustentado numa argumentação plasmada nos instrumentos de planeamento territorial.

Elementos a ter em conta na determinação do valor de base territorial:
- Valor do solo rústico no contexto do uso atribuído em sede de planeamento;
- Mais-valias simples decorrentes de uma alteração do uso do solo;
- Encargos de urbanização;
- Ponderação do factor *localização*, considerando as diversas externalidades que actuam sobre o valor do prédio em causa;
- Direitos constituídos de urbanização e de construção, observando os parâmetros que determinam qualitativamente e quantitativamente as diversas tipologias e utilizações dos produtos imobiliários que se destinam ao mercado.

Estes factores, que não dependem da vontade do proprietário, são os determinantes do valor do solo de um prédio. Na prática corrente do mercado utiliza-se também o conceito de *valor da área de construção indexado ao solo*, o qual se perfila no domínio do valor de base territorial e que, à luz da lógica da economia urbana, deveria ser inferior a 25% do custo da construção de qualidade média/boa. A utilização licenciada afecta significativamente o valor de base territorial e é uma questão relevante do ponto de vista económico.

Este conceito de *land value* foi particularmente trabalhado por Henry George e vale a pena ler a curiosa entrevista que deu a David Dudley Field, em 1885, para a *North American Review*[54].

[54] «FIELD: *Then suppose A to be the proprietor of a thousand acres on the Hudson, chiefly farming land, but at the same time having on it houses, barns, cattle, horses, carriages, furniture; how is he to be dealt with under your theory?*

Valor fiscal ou tributário

O *valor fiscal* é um valor de carácter social fundamentado no princípio da igualdade fiscal, quer se adopte o princípio da capacidade contributiva – e aqui encontramo-nos perante um imposto sobre o rendimento real ou presumido do imóvel, ao qual corresponde um valor de capital – ou se adopte o princípio da equivalência ou do benefício – e, neste caso, descortinamos uma contribuição especial – que remunere uma acção pública, associada à protecção da propriedade e a alguns serviços menos tangíveis que o Estado e o Município, mais ou menos directamente, asseguram ao prédio e ao estatuto da propriedade. Deve, portanto, ser um valor relativamente estável, objectivo e neutro relativamente ao mérito do proprietário e ao investimento aplicado na qualificação e exploração do prédio[55]. A estabilidade do valor fiscal é um princípio importante para acautelar que esse valor não seja arrastado por comportamentos especulativos.

Se o valor fiscal for configurado à partida com variáveis sensíveis a valores especulativos do mercado, os prédios que não estão à venda e que, portanto, não estão no mercado serão fortemente penalizados com base num valor hipotético que poderão nunca ter nem realizar. Com efeito, só beneficiam

---

GEORGE: *He would be taxed on the value of his land, and not on the value of his improvements and stock... The effect of our present system, which taxes a man for values created by his labor and capital, is to put a fine upon industry, and repress improvement. The more houses, the more crops, the more buildings in the country, the better for us all, and we are doing ourselves an injury by imposing taxes upon the production of such things.*
FIELD: *Then you would tax the farmer whose farm is worth $1,000 as heavily as you would tax the adjoining proprietor, who, with the same quantity of land, has added improvements worth $100,000; is that your idea?*
GEORGE: *It is. The improvements made by the capitalist would do no harm to the farmer, and would benefit the whole community, and I would do nothing to discourage them.*
FIELD: *A large landlord in New York owns a hundred houses, each worth, say, $25,000 (scattered in different parts of the city); at what rate of valuation would you tax him?*
GEORGE: *On his houses, nothing. I would tax him on the value of the lots.*
FIELD: *As vacant lots?*
GEORGE: *As if each particular lot were vacant, surrounding improvements remaining the same.*
FIELD: *Well, what do you contemplate as the ending of such a scheme?*
GEORGE: *The taking of the full annual value of land for the benefit of the whole people. I hold that land belongs equally to all, that land values arise from the presence of all, and should be shared among all.»* Cfr. O'SULLIVAN, Arthur – *Urban Economics*. 7th edition. McGraw-Hill, 2008, p. 144.

[55] Observe-se que as actividades económicas aplicadas à exploração do imobiliário que proporcionam rendimentos são em si tributadas em sede de IR.

da prática especulativa os proprietários de prédios efectivamente transaccionados, os restantes prédios têm o valor correspondente ao preço de aquisição, actualizado pela correcção da desvalorização monetária.

Suponhamos que um proprietário comprou um prédio, P_1, num dado momento, A, por um preço, X, para habitação da sua família ou outra ocupação e utilização própria. Entretanto, passados alguns anos, há prédios idênticos na sua vizinhança que são transaccionados por valores muito superiores e considerados exorbitantes e especulativos. Decorridos mais alguns anos, o mercado volta ao normal com uma acentuada desvalorização dos prédios que foram adquiridos durante o período da "bolha imobiliária".

Observando este processo, em momento algum se pode reconhecer a alguém o direito de atribuir ao prédio P_1, que foi adquirido pelo preço X, valores de mercado presumidos por comparação com valores virtuais atribuídos a um bem que não está à venda e tributar o prédio por esse suposto valor, penalizando o seu proprietário, que não tem qualquer responsabilidade e muito menos culpa de comportamentos impróprios do mercado que não podem deixar de ser associados a erros de regulamentação e de planeamento. Se o prédio for transaccionado e houver lugar a lucros calculados pela diferença entre o valor de compra, com correcção monetária, e o valor de venda, então tem todo o sentido que esse lucro seja tributado em sede de IR. Quanto ao valor fiscal que vai servir de base de incidência para efeitos de tributação do património, este deve ser um valor estável, fundamentado no princípio do benefício e neutro relativamente aos comportamentos do proprietário no sentido de valorizar, conservar e rentabilizar o seu património.

A informação sobre o imobiliário, coligida em registos jurídicos e matrizes administrativas, deve ter correspondência com a realidade económica e financeira, mas deve também estruturar-se de modo a ser neutra relativamente às decisões e situações de carácter fiscal. Esta neutralidade é uma condição favorável à própria verdade e fiabilidade dos dados e repercute-se também na transparência dos comportamentos e na própria eficiência do sistema fiscal. Forçar uma correspondência entre as decisões económicas dos particulares, nomeadamente em matéria de investimento, e a sua exposição em sede de tributação do património não tem qualquer interesse, gera conflitos, induz perversidades e reduz o grau de confiança na informação. A informação mais correcta e fiável obtém-se fomentando a transparência no mercado fundiário e imobiliário através da neutralidade entre os valores de mercado e o valor fiscal para efeitos de tributação do património, com a ressalva de que o valor fiscal tem de ter um sentido económico muito claro e parametrização num domínio de razoabilidade aferida à luz do princípio do valor de base territorial.

A posse de prédios que, devido à forma como estão configurados, física e juridicamente, ou por qualquer outra causa, não sejam passíveis de ser ocupados com sentido útil ou com rentabilidade pode, por razões fiscais, tornar-se num prejuízo financeiro. É o caso do minifúndio, onde pequenos prédios rústicos, sem escala para suportar a exploração agrícola ou localizados num mosaico de terrenos incultos, não proporcionam qualquer rendimento, ou também o caso de lotes infra-estuturados em urbanizações onde há um excedente de produto final e, portanto, sem expectativa de encontrarem procura no mercado. Em ambos os casos, o problema é encontrar uma estrutura fundiária que confira sentido útil e social à propriedade a ponto de se poder esperar dela um rendimento real ou presumido com razão e que justifique a capacidade contributiva do seu proprietário perante o sistema de tributação do património focada no caso particular do prédio em questão.

É especialmente grave a situação dos proprietários de imóveis que foram promovidos ou adquiridos num período de grande dinâmica de um mercado em alta, com valores que influenciaram o modelo de determinação do valor fiscal e que depois, numa situação de recessão, não têm saída no mercado, ficando expostos a um encargo fiscal que não tem correspondência nem qualquer cobertura razoável ao nível do rendimento. Enfrenta-se, assim, uma situação de crise fiscal dos excedentes imobiliários e dos prédios disfuncionais e de uso deslocado.

A componente mais estável do valor de um prédio é a que corresponde ao *valor de base territorial (land value)*, com a particularidade de ser, porventura, o valor com maior significado no contexto do planeamento do território e de ser também o único que se admite que seja objecto de uma regulamentação, que pode chegar ao ponto de ser efectuada e garantida no âmbito dos instrumentos de planeamento do território. As outras componentes do valor dependem de factores que se configuram e equilibram num mercado de concorrência quase perfeita.

Compete a uma política de solos regulamentar com uma forte intervenção pública o valor de base territorial, isto é, o preço do solo e a sua disponibilização para a sua função social. O custo das obras de infra-estruturas e da construção em geral e de outras instalações é razoavelmente bem regulado pelo mercado num contexto de concorrência quase perfeita. Já no que diz respeito ao preço do produto final e aos valores da renda do solo e do imobiliário em geral o Estado é desafiado a ter um papel mais interventivo, a ponto de se poder concluir que a especulação só consegue ser travada se houver uma oferta pública de arrendamento, dirigida a todos os segmentos da procura, cobrindo cerca de 20% do parque imobiliário. Sem esta presença de uma oferta pública de arrendamento afigura-se quase impossível estabelecer parâmetros de razoabilidade que sejam observados e respeitados pelo mercado e, concomitantemente, tenderão a multiplicar-se os prédios devolutos, em estado de abandono e de ruína, numa atitude de expectância especulativa.

A ordem tributária estabelecida em 2003 para o Imposto Municipal sobre Imóveis (IMI) estabelece um "valor patrimonial tributário" presumido tendo por referência o *valor de mercado*. Estas designações entram na lei de uma forma pouco ortodoxa, misturando e confundindo valor patrimonial, valor fiscal e valor de mercado.

Uma simples moradia ou um vulgar apartamento na posse da família que os habita correspondem a bens de primeira necessidade, não havendo razão para serem de algum modo tratados como sinais de riqueza. Acresce que uma elevada percentagem destes prédios para uso próprio foi adquirida com recurso ao crédito, estando os seus proprietários a pagar juros, amortização, seguro de vida e seguro do prédio, num quadro limitador dos direitos reais da propriedade. O mesmo se pode afirmar dos prédios que são propriedade de empresas que os ocupam e utilizam para laborar e produzir, constituindo estes prédios um meio de produção e não tanto um património disponível para ser tratado como uma fonte de rendimento. É pertinente aprofundar esta questão num tempo em que a propriedade imobiliária está sob fortes pressões fiscais e de taxação de licenciamentos, de tarifário de infra-estruturas básicas e de serviços.

Valor especial

O *valor especial* corresponde ao valor de propriedades que podem ser transaccionadas acima do valor de mercado devido à circunstância de despertarem particular interesse por parte de um comprador excepcional com planos de negócio e outras capacidades singulares que a procura de mercado comum não possui.

Por outro lado, propriedades especializadas correspondem a terrenos com construções que raramente, ou nunca, são transaccionados no mercado como coisas isoladas, sendo por princípio parte indissociável de explorações. É o caso de centrais hidroeléctricas, refinarias e instalações industriais singulares.

Pode, assim, constatar-se que todos estes conceitos de valor poderão ser adoptados, atentas as circunstâncias factuais concretas do imóvel em apreciação. Está-se perante uma multiplicidade de critérios operativos, todos eles com sentido próprio. Recomenda-se, portanto, especial cuidado para não se cair no erro de adoptar um critério único de valor, uma vez que no imobiliário a real aferição do seu valor depende da especificidade da transacção e só vigora no momento exacto da mesma e tomando em consideração os juízos subjectivos concretos em causa. Assim, competirá ao avaliador indagar qual a melhor metodologia a utilizar para a concretização do juízo valorativo. Esse esforço analítico e interpretativo não pode, porém, e em caso algum, abstrair-se do contexto em que se configura a transacção e que fundamenta a avaliação. Acresce a responsabilidade do avaliador sobre os efeitos da sua avaliação na óptica dos comportamentos e da eficiência dos mercados.

In limine, poderá afirmar-se que o avaliador tem um papel fundamental na transparência e fluidez que se desejam no funcionamento do mercado imobiliário. O profissionalismo desta contribuição técnica justifica-se tendo em vista o incremento da confiança, essencial para a concretização de um mercado eficiente. Não poderá, portanto, o avaliador funcionalizar e subordinar de nenhuma forma os conceitos de valor a resultados preconcebidos, mas utilizá-los de forma independente e isenta, de modo a que, com o seu contributo, se alcancem soluções óptimas e justas ao nível da alocação de recursos.

3.4. Valor da propriedade rústica e valor da propriedade urbana

3.4.1. Prédios rústicos, urbanos e mistos

Os conceitos de prédio urbano e rústico têm a sua formulação legal de base no artigo 204º do Código Civil, onde se considera prédio rústico *«uma parte delimitada do solo e as construções nele existentes que não tenham autonomia económica»* e prédio urbano *«qualquer edifício incorporado no solo, com os terrenos que lhe sirvam de logradouro»*. Note-se que o Código Civil não contempla a figura do prédio misto – que surge apenas no Código do Registo Predial e na legislação fiscal relativa à tributação do património – nem entra em consideração com o facto de o prédio estar ou não integrado num aglomerado urbano. Para o Código Civil, as construções que não tenham autonomia económica, tais como adegas, celeiros ou edificações destinadas a alfaias agrícolas, não constituem prédios urbanos, mas partes componentes de prédios rústicos. Já um edifício de habitação, ainda que esteja dentro de uma exploração agrícola e ao serviço do próprio agricultor, constitui um prédio urbano[56].

O direito fiscal importou, com algumas adaptações, a classificação civil, tornando a distinção entre prédio rústico e prédio urbano relevante para efeitos da determinação da matéria colectável sobre que incide a tributação do património. A figura do prédio misto surge, assim, da conveniência fiscal em distinguir e tributar diferenciadamente edifícios e solo afecto a explorações agrícolas.

O regime fiscal admite, de uma forma explícita, que um prédio rústico seja desdobrado em vários artigos, rústicos e urbanos, tendo criado a figura do prédio misto, em que dentro de um mesmo prédio se demarcam e constituem pelo menos um artigo rústico e um urbano. A diferenciação fiscal tem tido por consequência legitimar e facilitar a divisão da propriedade, transformando os artigos em dois prédios autónomos. Na prática corrente, qualquer proprietário de um prédio rústico que tenha obtido autorização para construir uma habitação ou edificação para outros fins deve obrigatoriamente declarar esta nas finanças, que, consequentemente, criam um artigo relativo a essa edificação e ao logradouro que lhe fique afecto. A figura de prédio misto convida a que os artigos que o constituem venham a ser alienados autonomamente através de operações de destaque, que a legislação urbanística permite de dez em dez anos, ou mediante uma autorização do Ministério da Agricultura para autonomizar o artigo rústico como prédio único.

Note-se que a legislação urbanística é muito permissiva quanto à possibilidade de fraccionamento simples da propriedade para efeitos de construção, através da figura do destaque. Mesmo fora dos perímetros urbanos, é sempre possível destacar uma parcela de dez em dez anos, criando um prédio autónomo, desde que se construa apenas um edifício para habitação com um máximo de dois fogos e desde que na parcela restante se respeite a área de unidade de cultura fixada para a região do país. Estes destaques realizam-

---

[56] Já uma piscina não é, à luz do Código Civil, um prédio urbano, mas uma parte componente do edifício ou prédio urbano ao qual esteja afecta.

-se directamente pelo interessado na Conservatória do Registo Predial mediante a exibição de uma certidão da Câmara Municipal, a qual não é configurada na lei como tendo carácter autorizativo, mas apenas como o acto pelo qual a Câmara Municipal atesta a verificação dos requisitos do destaque.

A autonomização do artigo urbano dentro de um prédio rústico, dando origem a um prédio misto, apresenta-se, quase sempre, como uma operação problemática sob o ponto de vista do ordenamento do território porque, de facto, induz e facilita a divisão da propriedade, fragiliza as bases de sustentação da estrutura agrária e fomenta o povoamento disperso e marginal ao sector agro-florestal.

Conclui-se, assim, que a figura do prédio misto tem uma origem fiscal, com efeitos muito problemáticos na legitimação indirecta da divisão da propriedade. A demarcação de prédios urbanos em meio rústico com origem fiscal confunde a lógica do ordenamento do território, onde é crucial defender a separação e distinção entre o meio urbano e o meio rústico e os elementos que os estruturam.

Da divisão da propriedade, por princípio, resultará um aumento do valor unitário por metro quadrado de superfície do terreno em cada uma das parcelas resultantes, uma vez que o valor unitário do terreno ou da área de construção de um edifício ou de uma fracção varia na razão inversa da dimensão da propriedade.

A autonomização predial, numa primeira fase, reduz o valor do artigo rústico, na medida em que o separa e priva do centro logístico de apoio. Essa limitação pode, porém, vir a ser ultrapassada com o argumento da necessidade de se construir um novo centro de lavoura de apoio à exploração centrada agora apenas no prédio rústico e, por esta via, dá-se a fragmentação da propriedade rústica e a proliferação da construção dispersa. Por sua vez, o prédio urbano destacado sofre uma valorização imediata se a sua configuração for atenta, uma vez que não há tradição de se colocarem dificuldades ou objecções na agregação ao artigo urbano de um generoso logradouro ou quintal que assegure a sua máxima valorização no mercado à custa do artigo rústico.

Em termos da lógica do ordenamento do território e da taxonomia dos usos do solo, seria de toda a conveniência que só existissem prédios urbanos classificados como tais dentro dos perímetros urbanos ou em unidades territoriais equivalentes. Quanto aos prédios rústicos, já é perfeitamente aceitável e até, por vezes, pertinente que no desenho e na composição urbana se integrem e salvaguardem quintas e outros espaços rústicos. Porém, os diversos edifícios de apoio às explorações agrícolas e florestais, incluindo os de habitação, não deveriam ser considerados prédios urbanos, mas edifícios de apoio à exploração e sendo delas indissociáveis.

Neste contexto, seria adequado adoptar outra designação para os prédios urbanos em meio rústico que traduzisse a sua essência de benfeitorias associadas aos usos agrícola e silvestre. Os edifícios de residência dos agricultores ou destinados a turismo em espaço rural seriam, assim, considerados como parte integrante da exploração agrícola ou florestal, sem adquirir qualquer autonomia cadastral, sob pena de incremento do risco de fraccionamento da propriedade, do povoamento disperso e do crescimento urbano descontrolado[57].

Relativamente a indústrias, hotéis e outros elementos de carácter urbano implantados isoladamente em meio rústico, seria conveniente uma classificação também especial, que reflectisse a singularidade da sua localização.

Acresce que muitas explorações agrícolas, principalmente na zona do minifúndio, se estruturam sobre um conjunto de parcelas nem sempre conexas. Não existe qualquer figura que identifique e salvaguarde a unidade da exploração agrícola ou florestal agregando o conjunto do seu parcelário, o qual é composto por parcelas dependentes caracterizadas pela sua dependência funcional relativamente à parcela onde está implantado o centro de lavoura, designada de parcela independente ou autónoma.

3.4.2. O valor do solo rústico

Numa primeira classificação do solo, anterior à classificação dos usos, o território distribui-se em solo urbano ou integrado nos perímetros urbanos, e solo rústico, que corresponde ao negativo dos perímetros urbanos.

Segue-se uma classificação regressiva, em que, quer em meio rústico, quer em meio urbano, se vão encontrar prédios rústicos, prédios urbanos e prédios mistos. Um prédio urbano pode estar em meio rústico ou em meio urbano e o mesmo acontece relativamente aos prédios rústicos. É por isso que a classificação dos usos do solo, que tem como principal objectivo diferenciar o uso silvestre, o uso agrícola e o uso urbano, incide sobre unidades

---

[57] A existência de elementos do sistema urbano fora dos perímetros urbanos, tais como estações de tratamento de esgotos ou de resíduos sólidos, centrais hidroeléctricas ou outros, constitui um caso à parte que merece uma identificação própria.

territoriais afectas a uma categoria de uso. Estas unidades, por sua vez, juntam-se em agregados territorialmente estruturantes onde a categoria de uso dominante dá o nome à classe.

A avaliação aplicada a prédios localizados em meio rústico deve estabelecer critérios aferidos às seguintes circunstâncias:

- Prédios em áreas classificadas;
- Prédios em perímetros de produção florestal;
- Prédios em perímetros de regime silvo-pastoril;
- Prédios em terrenos incultos;
- Prédios em compartimentos agrícolas.

O facto de haver muitos não-agricultores interessados em adquirir prédios mistos com dimensões que chegam a atingir uma dezena de hectares e, por maioria de razão, prédios de ainda menor área está na base do aumento do preço do solo rústico, que o torna menos acessível às empresas agrícolas e florestais. A avaliação de prédios mistos constitui um caso particular, sendo importante observar o número de artigos rústicos e de artigos urbanos que os compõem.

Dentro do mercado fundiário de solos rústicos distinguem-se os seguintes segmentos:

- Terrenos silvestres e agrícolas, cujo valor fundiário se alicerça principalmente no valor de rendimento da exploração (há que considerar os subsídios da Política Agrícola Comum (PAC) e dos fundos comunitários de apoio à floresta concedidos às explorações ou aos proprietários e que, para efeitos de avaliação, conjunturalmente, interferem no cálculo do valor de rendimento, inflacionando-o);
- Terrenos rústicos para segunda residência e para espaços de vilegiatura;
- Terrenos rústicos para empreendimentos urbanos ou similares;
- Terrenos procurados para entesourar de forma passiva com fins especulativos.

Devem ser assegurados às explorações do sector agro-florestal os meios que as habilitem a expandir-se, tomando para si os terrenos vizinhos e abandonados, por compra ou por arrendamento. Quem vende e arrenda carece de uma firme garantia de que não irá ser prejudicado a médio e longo prazo por essa decisão, em comparação com os destinos que vierem a ser dados a outros terrenos eventualmente derrelictos localizados na mesma unidade territorial.

Nas regiões onde não haja condições para a agricultura, para a produção florestal e onde também não existam valores naturais que justifiquem a sua classificação como zonas únicas recomenda-se uma política de silvo-pastorícia e cinegética. Também aqui é necessária uma atenta regulação do mercado fundiário, o qual tem sido agitado por novas procuras, atípicas, como é o caso dos parques de energia eólica.

Todos os terrenos rústicos estão potencialmente sujeitos a procuras interessadas em forçar uma alteração do uso do solo, tendo em vista a geração de mais-valias e a sua captura. A valorização dos terrenos rústicos decorre dos seguintes factores:

- Alteração de uso do solo de rústico para urbano ou similar a urbano;
- Dimensão mínima das parcelas resultantes de destaques ou de parcelamentos e dos direitos de construção atribuídos a cada parcela;
- Áreas de construção e de utilização atribuídas a cada parcela;
- Qualidade das infra-estruturas, dos serviços e do desenho e composição arquitectónica e paisagística;
- Capacidades e dinâmicas da oferta e da procura, devendo esta última ser considerada por segmentos.

3.4.3. Termos de referência sobre o valor do solo rústico

O solo silvestre, mesmo aquele que se encontra afecto à produção florestal, não consegue amortizar um capital fundiário superior a € 0,30/m². No caso da exploração agrícola, é muito difícil amortizar um capital fundiário superior a € 1,50/m², podendo, em casos especiais de culturas particularmente rentáveis, alcançar os € 2,50/m². Estes são valores objectivamente validáveis no âmbito da gestão e da contabilidade das explorações. Poderá, no entanto, acontecer (e acontece) que em determinados locais ou regiões se possam observar valores frequentes de mercado n vezes superiores aos valores de capital normais e de referência. Nestas circunstâncias dois casos podem acontecer:

- Os empresários agrícolas ou florestais têm uma situação económica e financeira muito confortável e estão dispostos a expandir as suas explorações com base numa vontade emocional, afectiva, pagando pelo solo um preço de apropriação que não vai ser rentabilizado nem amortizado através da produção agrícola ou florestal. Esse valor acrescido do solo remete para um mercado estruturado na capacidade financeira de uma procura que se resolve na simples apropriação do bem de raiz.

O valor de mercado do solo passa a ser composto por dois factores: o seu valor de rendimento alicerçado na sua utilidade prática como bem de produção; e um valor de raridade associado ao efectivo poder de compra da procura que incide sobre um determinado espaço geográfico.

Desde que as explorações estejam a ser conduzidas correctamente, em perfeita harmonia com o sentido útil e com a função social da propriedade, não há qualquer problema em haver um despique na procura inflacionador do preço do solo rústico[58].

O preço do solo rústico varia muito em função da dimensão da propriedade e da estrutura do povoamento. É por isso que no caso da grande propriedade o seu valor é seguramente determinado através do método analítico, o que não acontece de todo com os pequenos prédios rústicos e, muito em particular, naqueles onde o agricultor tem a sua residência[59].

– Os proprietários dos terrenos rústicos deixam-nos em estado de abandono, não os arrendando a agricultores, e colocam-nos no mercado a preços muito elevados com referência ao mercado de solos urbanos e, portanto, fora do contexto da economia agrícola e florestal. Esta situação é alimentada pelas expectativas de alteração dos usos do solo, matéria erradamente tratada nos planos territoriais, e também pela divisão disfuncional da propriedade.

---

[58] De qualquer forma, esta inflação tem limites pautados por uma certa sensatez. Quando o preço do solo rústico ultrapassa cinco vezes o valor de rendimento pode-se considerar que a situação é anormal (no sentido de que não é comum). Nestas circunstâncias é necessário esclarecer as causas e informar o mercado.

[59] Vem aqui a propósito a transcrição da perspicaz observação do Professor Henrique de Barros, «*Em Portugal, o método analítico pode usar-se com êxito nas regiões de grande e média propriedade e nas de pequena propriedade onde predomine o arrendamento; e é de duvidosa aplicabilidade naquelas onde a pequena propriedade coincida com a exploração de conta própria e mais ainda quando a este tipo de propriedade e a esta forma de exploração se sobreponha a empresa de tipo familiar*». Cfr. BARROS, Henrique de – *O Método Analítico de Avaliação da Propriedade Rural*. Lisboa: Ministério da Economia, Direcção Geral dos Serviços Agrícolas, Serviço Editorial da Repartição de Estudos, Informação e Propaganda, 1943, p. 25.

Quanto menor for a dimensão de um prédio, maior é o seu valor por metro quadrado, alcançando mesmo assim um valor global relativamente acessível a um amplo espectro da procura. Os prédios com grandes dimensões têm, consequentemente, um valor por metro quadrado mais baixo e valores globais sempre elevados a ponto de terem uma procura mais reduzida. Neste contexto, a pequena propriedade rústica tende a ter uma forte procura por parte de interessados que não são agricultores e que ambicionam possuir uma casa numa pequena quinta, geralmente de segunda residência, induzindo formas de povoamento disperso, com tudo o que isso tem de patológico para o ordenamento do território, e dificultando o acesso dos agricultores à terra. No caso da grande propriedade, o solo está, geralmente, mais acessível às empresas agrícolas e florestais. Observa-se, no entanto, uma procura significativa adventícia e especulativa perspectivada em usos turísticos e em outros usos de carácter urbano.

É frequente questionar-se se a sociedade, no que respeita às dinâmicas territoriais, é melhor servida pela livre decisão dos proprietários e promotores privados, num contexto de desregulamentação, ou se, pelo contrário, é um imperativo de interesse público que o ordenamento do território seja alcançado com base em critérios e soluções configuradas em planos desenvolvidos no âmbito dos aparelhos administrativos do Estado e dos Municípios.

A questão colocada desta forma afigura-se errada, porquanto estas duas esferas de decisão não se podem apresentar e confrontar radicalmente como alternativas. Tão-pouco o domínio da questão se esgota em qualquer delas. Note-se que as competências do Estado e dos Municípios em matéria de decisão e controlo do ordenamento e planeamento do território devem, por princípio, transcender a esfera estritamente administrativa, colocando-se o seu principal e essencial desempenho na esfera do poder e das responsabilidades políticas que, por sua vez, se distribuem separadamente pelos níveis legislativo, deliberativo, executivo e judicial e ainda pela intervenção participativa da sociedade civil. Por princípio, deve ser escrupulosamente instituída e respeitada a separação entre a esfera pública e o domínio de acção da esfera privada.

Esta equação é tanto mais importante quanto estejam em causa tomadas de decisão onde se exerça o poder de gerar mais-valias ou menos-valias simples sobre o valor do solo. Nestes casos, por imperativo de Direito, é necessário estabelecer procedimentos que explicitem os valores de partida, os interesses presentes e as variações de valor que decorrem das decisões político-administrativas configuradas em sede de plano ou de simples licenciamento. Acresce que, no que diz respeito às mais-valias, estas devem ser parametrizadas com contida razoabilidade, distribuídas com transparência e garantidos os seus efeitos reguladores no contexto global do comportamento do mercado imobiliário. Observe-se que esta garantia é quase impossível de acautelar se não houver uma generosa oferta pública de arrendamento de qualidade e dirigida e todos os segmentos da procura, oferecendo-se como uma alternativa aliciante quando o mercado se confronte com uma oferta privada especulativa.

As rendas limitadas funcionaram bem em muitas expansões urbanas de iniciativa pública até aos finais dos anos 60, em grande parte devido à expressão do investimento em prédios de rendimento num contexto em que não havia inflação monetária. Já o modelo do financiamento de empreendimentos imobiliários de iniciativa pública ou privada para venda a preços controlados não terá dado os resultados pretendidos, uma vez que o comprador beneficiado logo encontrou formas de vender o imóvel pelo valor de mercado, subvertendo a política social que esteve na origem da operação.

É necessária uma análise rigorosa para se verificar até que ponto a regulação do mercado imobiliário urbano requer uma expressiva oferta pública de arrendamento para todos os tipos e estratos da procura. Sem esta oferta pública de arrendamento será praticamente impossível assegurar a parametrização das mais-valias, as quais serão potenciadas aos máximos, levando a uma inflação grave do preço do solo.

3.5. Valor do solo em áreas classificadas

No contexto das áreas classificadas, o mercado fundiário é muito sensível às preexistências que dão suporte à constituição de direitos adquiridos, que se apresentam como excepções à regra das limitações à construção em áreas protegidas. Em princípio, as condicionantes impostas nestas áreas incrementam os valores dos prédios com artigos urbanos ou com direitos de construção constituídos. Acontece geralmente que os prédios rústicos são fortemente desvalorizados ao serem afectados pelo estatuto das áreas classificadas enquanto os prédios urbanos e mistos tendem a ser valorizados, na medida em que se acentua a sua raridade relativa.

O estatuto das áreas classificadas, em geral, não altera as preexistências, a não ser em casos excepcionais de actividades poluentes ou de algum modo fortemente incompatíveis com os valores a salvaguardar, e tende a impedir alterações, impondo um certo imobilismo. Quando os usos estão estabilizados e social e economicamente sustentados, as medidas de salvaguarda têm uma elevada probabilidade de ter um efeito positivo, alicerçando uma realidade que, em si, já tem sustentação. Quando tal não se verifica e, pelo contrário, o estatuto de salvaguarda se aplica a unidades territoriais degradadas e com populações economicamente deprimidas, corre-se o risco de ter efeitos negativos e de gerar conflitos.

As condicionantes aplicadas a um território com base no princípio da utilidade pública devem ser baseadas nos seguintes critérios:

- A utilidade pública em causa deve estar claramente explicitada e demonstrada, sendo objectivamente compreensível a necessidade, o sentido e a extensão das condicionantes como condição para a salvaguarda dos valores em causa;
- As áreas classificadas devem ter um sentido útil (patrimonial, científico, cultural, económico) formalmente expresso e aplicado ao cadastro predial das unidades territoriais abrangidas, de modo a assegurar uma classificação e afectação transparentes dos usos do solo;
- A instituição de áreas classificadas ou de qualquer outra figura condicionadora dos usos e utilizações do solo que diminua ou que de algum modo afecte as prerrogativas da propriedade privada deve sempre ser confrontada com o respeito pelo direito à expropriação;
- Na gestão das áreas classificadas deve ser respeitado o princípio geral da conformidade entre o uso atribuído em sede de planeamento e o estatuto jurídico da propriedade. Quer isso dizer que devem ser assegurados o interesse e o apreço dos proprietários de prédios situados em parques e reservas na nova situação; caso contrário, estes devem ter a faculdade de requerer a expropriação com direito a justa indemnização ou, pelo, menos uma justa compensação perequativa decorrente dos constrangimentos impostos quando estes, de algum modo, afectam negativamente o valor do prédio gerando menos-valias;
- A entidade que gere a área classificada deve saber de forma clara e explícita como enquadrar e conduzir o destino a dar a cada prédio. A simples regeneração selvagem faz sentido em reservas integrais, mas não é de todo aceitável noutros espaços silvestres, onde se impõem práticas agro-silvo-pastoris *lato sensu*.

No caso das zonas únicas, que são, em princípio, áreas classificadas de parques e reservas, onde se pode chegar a interditar a exploração agrícola e florestal, o solo não deixa de ser potencialmente um bem de produção, podendo ser-lhe atribuído o valor de rendimento presumido correspondente à sua normal exploração na ausência de restrições.

3.6. Riscos

Todas as operações que envolvem transacções de imóveis comportam um grau de risco que deve ser ponderado no relatório de avaliação. Os tipos de risco a considerar são os seguintes:

- *Risco de mercado de capital* – O valor de mercado de um prédio pode ser alterado devido a alterações no mercado de capitais, nomeadamente nas taxas de juro do crédito e na própria disponibilidade do crédito;
- *Risco de inflação* – Diminui a capacidade de compra da procura e pode gerar aumentos de receita inesperados à oferta. A inflação gera sempre situações de instabilidade e tende a induzir comportamentos especulativos no mercado imobiliário;
- *Risco de mercado* – Resulta das alterações nas dinâmicas do mercado devidas aos comportamentos da oferta e da procura dentro dos ciclos económicos. A qualidade dos sítios e da arquitectura influenciam de forma muito directa o risco do mercado;
- *Risco financeiro* – Depende da eficácia da gestão do empreendimento e das fontes de receita que suportam o seu financiamento;
- *Risco de liquidez* – Diz respeito à eventual maior ou menor dificuldade em vender, dentro de um período razoável de tempo, um determinado prédio convertendo-o em dinheiro ao valor de mercado;
- *Risco de depreciação indirecta* – Diz respeito à eventual desvalorização de um prédio devido ao facto de este ser afectado por fontes de poluição que entretanto tenham surgido na vizinhança ou devido à degradação urbanística ou social da envolvente;
- *Riscos legislativos* – O enquadramento legal e os regulamentos do ordenamento do território, ao alterarem os usos do solo e os direitos de desenvolvimento, afectam o valor de mercado das propriedades nesse sítio.

A política de solos, combinada com os planos territoriais, deve promover a estabilidade dos mercados fundiários e reduzir a incerteza nos sectores da promoção imobiliária e da construção civil. Os planos, para além da classificação dos usos do solo, devem proceder à sua afectação, a qual consiste na operação que estabelece uma correspondência entre o uso atribuído a um prédio e o estatuto jurídico da propriedade, de modo a garantir a prossecução dos objectivos do plano.

O mercado imobiliário confronta-se com alterações e com riscos imprevisíveis devidos a catástrofes naturais ou a alterações repentinas nas economias locais em resultado, por exemplo, do encerramento ou da deslocação de grandes empresas. Estas alterações não devem ser confundidas com aquelas que resultam de patologias do mercado, como sejam a falta de informação, irracionalidade dos planos territoriais ou comportamentos especulativos. Cientes destas realidades, os peritos avaliadores devem actuar com rigor e detalhe na avaliação compósita do valor de mercado, distinguindo os factores onde o valor é normal daqueles onde se verificam desequilíbrios que distorcem o mercado.

3.7. Formação do valor do solo

No mercado fundiário transacciona-se solo que pode ter mais ou menos trabalho incorporado, podendo, no seu estado completamente bruto, não ter qualquer custo de produção. No entanto, a partir do momento em que um terreno é objecto de um enquadramento social, passa a ter um estatuto de pertença. O exercício de direitos sobre todas as partes do território do globo terrestre tende a estar disciplinado no âmbito do direito internacional e do direito soberano de cada Estado. A aplicação e a garantia deste estatuto de apropriação e utilização do território implicam a operacionalização de uma ordem institucional, com custos de instalação e de funcionamento. Daí poder inferir-se que todo o território tem um custo de base associado a esse trabalho jurídico-administrativo.

Alguns autores clássicos sustentam que o mercado fundiário se alicerça na troca de bens que não têm custo de produção, considerando que o solo é um bem não produzido[60]. Esta assunção, que teria sentido num período de descoberta e apropriação de novos territórios, no seu estado selvagem, não se aplica no contexto da sociedade moderna, em que todo o espaço do planeta é conhecido e controlado economicamente, de alguma forma, pela

---

[60] Cfr. GRANELLE, Jean-Jacques – *Économie Immobilière. Analyses et Applications*. Paris: Economica, 1998.

comunidade internacional e pelos Estados. O solo rústico sujeito à exploração florestal tende a ter uma base, ainda que rudimentar, de infra-estruturas de acesso e de condução dos povoamentos que influencia o valor do solo através do trabalho assim nele incorporado. Por maioria de razão, o solo rústico afecto à exploração agrícola resulta de um significativo investimento na arroteia, modelação e despedrega do solo, apresentando-se assim como um produto com muito trabalho incorporado.

Temos, assim, que a formação do preço do solo rústico decorre da sua raridade, do facto de ser um recurso natural fundamental para a vida, de incorporar trabalho, de ser um factor de produção no sector agro-florestal e de ter um valor de rendimento associado à sua exploração. Nas regiões com potencialidades turísticas ou onde sejam previsíveis dinâmicas de desenvolvimento urbano, o mercado fundiário, se não for regulado, presta-se a ser dominado por procuras especulativas que apostam em futuras alterações do uso do solo e nos ganhos que daí possam resultar.

Este fenómeno verificou-se no Algarve a partir dos anos 60, quando muitos investidores nacionais e estrangeiros compraram solo rústico em grandes quantidades em localizações estratégicas, com expectativas de médio e longo prazo. Neste contexto, como sustenta Granelle, o mercado fundiário está subordinado ao mercado imobiliário e o preço do solo é, em grande parte, determinado pelas faculdades inerentes ao uso urbano, pelas utilizações autorizadas e pelos parâmetros de construção atribuídos. A apropriação do solo à margem da sua função social e do seu sentido útil permite formas de entesouramento passivo e de quase monopolização da oferta ao nível local e regional, acentuando o carácter assimétrico do mercado, onde a concorrência é muito imperfeita. Acresce que o mercado fundiário não tem atomicidade, o que condiciona a sua fluidez. O produto é singular e a oferta é limitada, no entanto, estas restrições podem ser minoradas por uma informação transparente que reduza o domínio de incerteza para os agentes do mercado. Para a compreensão do funcionamento do mercado de solos é uma questão-chave saber quando o preço do solo se apresenta como um custo de produção que, juntamente com o custo de outros factores, determina o preço de venda do produto final, e quando o preço do solo admissível num empreendimento imobiliário resulta do preço de venda do produto final.

Os promotores de urbanizações que investem na compra de solo rústico a preços elevados, no processo de loteamento e na infra-estruturação, para promover a venda de lotes, encontram-se numa dupla dependência do mercado imobiliário: dependem não só da capacidade deste para absorver os lotes como ainda da forma como este mercado influencia o agravamento do preço do solo rústico.

O crédito hipotecário para a compra de imóveis, se concedido com base numa sobreavaliação dos mesmos, cria condições para inflacionar os preços do produto final, com vantagem para o promotor do espaço edificado, mas essa vantagem tende a ser capturada pelo promotor da urbanização e, fatalmente, acabará por ser capturada pelo proprietário do solo urbanizável. Consumada esta sequência, em que o preço do solo acaba por ser determinado pelo preço do imobiliário, dá-se uma inversão, e o valor do solo passa a repercutir-se, de uma forma especulativa e cega, sobre o valor do imobiliário, tentando capturar, à partida, as mais-valias, as margens de lucro e, mesmo, as margens de comercialização proporcionadas pela sobreavaliação em sede de crédito hipotecário, dando expressão à "exuberância irracional" do mercado.

Como bem observa L. Walras, o solo tem de ser disponibilizado por valores iguais ou inferiores aos valores de rendimento, de modo a que o investimento possa ser amortizado e compensado pelo rendimento no contexto de uma utilização e exploração economicamente sustentadas. Um dos efeitos nefastos de um crédito hipotecário viciado pela sobreavaliação dos activos é o desligamento entre o valor de mercado e o valor de rendimento, tornando quase impossível o investimento normal em prédios de rendimento. Este facto também explica, em boa parte, o colapso do mercado de arrendamento em Portugal, bem como o abandono dos centros históricos.

O preço do solo é um custo de produção que, ao contrário do preço dos restantes factores de produção, não é determinado em condições de mercado. O preço do solo, na medida em que depende das disposições regulamentares dos planos territoriais, tem uma determinação político-administrativa. Contudo, no âmbito de operações urbanísticas ou similares, tende a depender do preço de venda do produto final.

A alta dos preços de imóveis destinados a habitação e escritórios repercute-se não só na inflação do preço do solo mas também nas regras do crédito hipotecário, que, ao permitirem o aumento do preço dos imóveis em sede de sobreavaliação de activos, contribuem directamente para o inflacionamento do preço do solo. A inflação dos preços do imobiliário é relativamente pouco influenciada pelo aumento do custo da construção, o qual (quando muito) acompanha de perto a correcção monetária, devendo-se essencialmente ao agravamento do preço do solo.

O custo da construção não tem grande influência no preço do solo, podendo considerar-se quase neutro relativamente a este. A haver uma influência, esta seria no sentido inverso, isto é, o agravamento do preço do solo reduz a margem disponível para o sector da construção civil. Há uma relação inversamente proporcional, já que sempre que o custo da construção é limitado ou reduzido devido à concorrência quase perfeita entre as empresas de construção, a margem gerada reverte a favor do promotor, como lucro, ou do proprietário do solo na forma de mais-valias simples. No entanto, num quadro de desregulamentação, tendencialmente, as margens de lucro e as mais-valias revertem a favor do proprietário do solo, o qual reúne a seu favor as condições mais favoráveis para a prática de especulação fundiária. Também por esta razão, é importante analisar separadamente o mercado fundiário e o mercado imobiliário.

A partir dos finais da década de 60, num período de grande inflação devido à desvalorização da moeda e num contexto de conforto fiscal para o contribuinte na tributação do património, durante décadas, verificou-se uma forte aplicação das poupanças em bens de raiz. O entesouramento passivo em património imobiliário ou simplesmente em solo rústico ofereceu-se como um refúgio compensador de poupanças, o que também teve influência no aumento do preço do solo. Aumentou a procura de um bem escasso, gerador de mais-valias significativas não-expostas a uma carga fiscal gravosa, não tanto pela brandura das taxas – a Sisa era um imposto pesado – mas essencialmente pela permissividade do sistema em matéria de registo.

O entesouramento passivo em solo ou outros imóveis alimenta uma procura que paralisa o mercado através da compra de prédios com o fito de serem mantidos em estado de abandono e de expectância especulativa, sonegando-os a qualquer forma de utilização. Na prática, estes prédios estão indisponíveis para o mercado, não obstante os seus proprietários os manterem na praça sem a intenção de os vender mas apenas para avaliar os valores a que a oferta chega em cada momento. Este fenómeno contribui para a inflação dos preços porque reduz significativamente a oferta real e confronta a procura com uma contínua subida frustrada de valores sem que o negócio se concretize.

Para haver oferta é necessário que o produto esteja efectivamente à venda por um preço razoável e explicitado. Em resposta a uma intensificação da procura, o incremento da oferta de espaços edificados para uma determinada utilização, mesmo perante um aumento dos preços, não ocorre imediatamente. O tempo de resposta pode demorar anos, uma vez que exige decisões, projectos, licenças, concursos, construção, um longo processo até chegar ao produto final disponível para o mercado. Para aproveitar a oportunidade de negócio, numa conjuntura favorável, o promotor pode ser tentado a recorrer à venda do produto "no papel", vinculando-se a entregar o prédio ou a fracção construída numa data futura acordada. A avaliação destes produtos futuros é delicada, transcende a normal avaliação do valor de mercado e remete para factores de confiança e de risco sobre as quais o perito avaliador não se deve pronunciar, mas apenas alertar.

O sistema de planeamento alemão, porventura aquele que se apresenta como mais paradigmático para Portugal ao nível do Direito comparado, opera com duas figuras principais de planos:

- Plano de classificação e estabilização dos usos e utilizações do solo, abrangendo todo o território, que demarca os espaços disponíveis para eventuais expansões urbanas e outros desenvolvimentos similares, com a particularidade de não criar quaisquer direitos de urbanização ou de construção (*Flächennutzungsplan*);
- Plano de pormenor de desenho e de composição urbana, à escala do bairro e do quarteirão, que permite o desenvolvimento dos projectos de loteamento, reparcelamento, infra-estruturação e definição e regulamentação dos direitos de construção, assim como da estratégia de gestão (*Bebauungsplan*).

No plano de classificação é desenvolvida uma análise do estado do mercado imobiliário, de modo a fundamentar as estratégias de demarcação e de disponibilização do solo rústico para responder às necessidades de expansão urbana para um horizonte de quinze anos. Esta análise fundamenta-se em cartas de preços de mercado, que, também em sede de plano, são sujeitas a uma avaliação crítica aberta, onde se confrontam os diversos interesses económicos e políticos, sendo democraticamente expressos os múltiplos pontos de vista sobre o assunto.

Esta análise irá fundamentar a programação das necessidades de expansão e a parametrização dos custos, de modo a conduzir a oferta dos produtos finais para valores justos. Criam-se, assim, as condições para objectivar o espaço que vai ser efectivamente urbanizado e que é escolhido com base numa negociação aberta e transparente entre a Administração, os proprietários e os promotores, e que será firmada numa base contratual.

3.8. Elementos para uma compreensão da formação do preço justo[61]

Todos os usos se desenvolveram inicialmente à custa da redução do espaço silvestre, uma vez que no princípio todo o território era de uso silvestre. Quanto à oferta de solo agrícola, pode considerar-se que tem alguma elasticidade, sempre em sacrifício dos espaços silvestres. Excepcionalmente, acontece haver espaços agrícolas que são devolvidos ao uso silvestre por deixarem de ser sustentáveis devido à sua fraca produtividade ou à impossibilidade de serem mecanizados. O uso urbano, que em Portugal ocupa aproximadamente 4% do território, expande-se à custa dos espaços silvestres e agrícolas, ou recorrendo à densificação do próprio espaço já urbanizado.

À medida que a sociedade referencia o espaço territorial e o demarca com o propósito de uma apropriação, este adquire valor. Uma parcela de solo limpo, sem qualquer benfeitoria, tem um valor de base territorial que se fundamenta na sua dimensão cadastral, na localização e nos direitos constituídos de uso, construção e utilização. O *valor de base territorial (land value)* depende substancialmente do seu enquadramento geográfico em termos de acessibilidades, densidade do povoamento e da estabilidade do uso associada à confiança nas disposições dos planos, nomeadamente quanto à transparência nos procedimentos das alterações de uso. Este valor é particularmente influenciado pelas políticas de solos e pelas disposições dos instrumentos de planeamento relativamente à classificação dos usos do solo e aos parâmetros relativos à urbanização e construção.

O valor de base territorial de um prédio é neutro relativamente à iniciativa, à vontade e às decisões do proprietário, o que não sucede com o valor da construção e de outras benfeitorias (*property value*), o qual resulta do seu mérito empreendedor. O valor de base territorial deveria ser explicitado nos planos territoriais como um valor de referência para ser difundido de modo a servir como um importante parâmetro regulador do mercado fundiário e imobiliário.

O preço do solo tem um **peso**, δ, no **preço final**[62], P_f, dos novos espaços edificados para habitação, escritórios e outros produtos imobiliários de uso

---

[61] Este capítulo reproduz e desenvolve o ponto IX.2 "Princípios para um Modelo de Tributação do Património Imobiliário" *in* PARDAL, Sidónio (coord.) – "Tributação do Património e das Grandes Fortunas". *Relatório do Grupo para o Estudo da Política Fiscal. Competitividade, Eficiência e Justiça do Sistema Fiscal*: 345-472, Ministério das Finanças e da Administração Pública, Secretaria de Estado dos Assuntos Fiscais, 2009.

[62] Estes limites de variação são os indicados na norma contida no Decreto-Lei nº 141/88, de 22 de Abril, relativa à determinação do valor do solo para habitação a custos controlados a

urbano e destinados ao mercado de venda ou de arrendamento. Deve distinguir-se o peso do solo rústico do peso do solo infra-estruturado. As mais-valias simples, correspondentes à valorização do solo rústico pela sua passagem a solo urbanizável ou correspondentes ao incremento dos direitos de desenvolvimento para uma parcela ou lote urbano já constituídos, estão integradas no $\delta\, P_f$. A parametrização e o controlo da distribuição e retenção das mais-valias são operações particularmente complexas quando a promoção da urbanização não é exclusivamente de iniciativa pública.

O domínio em que podem variar os valores desta parametrização surge também na Lei das Áreas de Desenvolvimento Urbano Prioritário[63], em 1982, e tem sentido à luz dos princípios urbanísticos reguladores do mercado fundiário. No entanto, o significado exacto da parametrização enunciada nestas leis não é claro, prestando-se a várias interpretações, presumindo-se que diz respeito ao valor da área de construção indexada ao solo já infra-estruturado e não ao valor do solo urbanizável ainda não infra-estruturado. Actualmente, a lei relativa à gestão de empreendimentos de habitação social elevou o limite superior para os 20%, o que não se recomenda como política de solos, constituindo um sinal de permissividade à especulação fundiária. Continua a não ser claro se os 20% dizem respeito ao solo rústico urbanizável ou ao solo urbanizado, e esta indefinição não é despicienda[64].

O **valor de base territorial**, V_{bt}, deve ter um peso variável entre 0,07 e 0,15 do valor do produto final do imobiliário. Quanto ao valor do solo rústico não infra-estruturado, podemos considerar desejável que o seu peso não ultrapasse o limite de 0,05 do valor do produto final. Este valor $\delta\, P_f$ inclui o valor do solo rústico, as mais-valias simples e o multiplicador de incremento de valor relativo ao **factor de localização, L**, considerando a alteração de uso rústico para uso urbano, a que se adicionam os **custos da infra-estruturação, C_i**, e os diversos **encargos indirectos, E_i**, incluindo planos, projec-

---

partir do valor total do metro quadrado de construção. O diploma não é claro, porquanto não esclarece se se trata de solo rústico não infra-estruturado ou de solo urbano já infra-estruturado.
[63] Decreto-Lei nº 152/82, de 3 de Maio.
[64] Actualmente, os encargos de infra-estruturação de lotes para habitação unifamiliar estima-se entre € 15.000,00 e € 20.000,00/lote. No caso da habitação colectiva, os encargos de infra-estruturação estimam-se entre € 150,00 e € 180,00/m² de área de construção.

tos, fiscalização, licenciamento, taxas municipais, financiamento e comercialização. Finalmente, acresce ainda a **margem de lucro**, m_{Ll}, referente à promoção da urbanização[65]. Assim, obtêm-se:

$$V_{bt} = [(\delta\, P_f \times L) + C_i + E_i] \times m_{Ll}$$

Em que:
    δ representa o peso do solo rústico e mais-valias na formação do preço das áreas edificadas. O desdobramento do valor do solo rústico e das mais-valias simples é uma matéria da maior importância, não obstante ter sido sistematicamente ignorada em toda a prática do urbanismo em Portugal a partir de 1965;
    L traduz um factor de localização e de caracterização da unidade de vizinhança da nova urbanização, considerando, entre outros aspectos, a maior ou menor dispersão e densificação da estrutura do povoamento;
    C_i representa o custo das obras de infra-estruturação;
    E_i representa encargos indirectos, incluindo planos, projectos, fiscalização, licenciamento, taxas municipais, financiamento e comercialização, e corresponde a aproximadamente 3% do produto final ($E_i = 0,03\, P_f$);
    m_{Ll} corresponde à margem de lucro referente à promoção da urbanização.

Como já se referiu, em boa verdade, o ajustamento operado pelo factor de localização, L, pode também ser considerado como incluído em $\delta\, P_f$, porquanto este só se deveria revelar no momento da alteração do uso do solo. No entanto, acontece que na realidade dos mercados mais dinâmicos dos solos rústicos periurbanos ou de espaços de uso silvestre e agrícola muito procurados, o factor de localização tem valores expressivos no próprio mercado de solos rústicos que são potenciados desde o momento em que o mercado perspective a sua passagem para o uso urbano. O factor de localização

---

[65] O multiplicador L, relativo ao factor de localização, poderia ser considerado também como parte integrante das mais-valias, já que este incremento de valor não decorre do mérito da urbanização em si. As mais-valias simples, incluídas em δ Pf, correspondem ao incremento de valor decorrente da decisão político-administrativa que altera o uso do solo de rústico para urbano. Note-se que sem uma procedimentalização distinta as mais-valias diluem-se e confundem-se com o lucro ou com os prejuízos da operação. Um dos predicados de uma boa política de solos consiste na contenção das mais-valias simples e indirectas, contribuindo, assim, para uma redução do custo do solo.

é dinâmico e influencia também de forma permanente as mais ou menos--valias indirectas.

O preço final, P_f, é igual ao valor do solo urbanizado, V_{bt}, servido das necessárias redes de infra-estuturas e serviços, a que se somam todos os custos de construção do edificado e demais benfeitorias efectuadas no interior do lote urbano, ou necessárias para a sua normal utilização, e assumidos pelo seu proprietário, que correspondem ao factor agregado **Ep, encargos do promotor com a edificação**, e que estão na esfera da sua decisão. Assim, temos que:

$$P_f = V_{bt} + E_p$$

Os encargos do promotor com a edificação, E_p, compreendem os seguintes factores:

$$E_p = E_{dp} + C_t + m_{L2}$$

Em que:

E_{dp} representa os encargos diversos do promotor dos edifícios, incluindo planos, projectos, fiscalização, licenciamento, taxas municipais, financiamento e comercialização do espaço edificado. Estes encargos estimam-se em cerca de $0,12 P_f$ (12% do preço final);

C_t corresponde ao **custo da construção**;

m_{L2} corresponde à **margem de lucro** do promotor da construção, incluindo uma margem de risco, e situa-se razoavelmente na ordem dos $0,2 P_f$ (20% do preço final).

O preço final desagregado corresponde, assim, a:

$$P_f = [[(\delta P_f \times L) + C_i + E_i] \times m_{L1}] + (E_{dp} + C_t)] \times m_{L2}$$

Se a margem de lucro do promotor da construção corresponder a $0,2 P_f$, o factor m_{L2} terá o valor de 1,2.

Se a urbanização e a construção forem feitas numa única operação pela mesma entidade promotora, poder-se-ia considerar um factor de escala ao nível da gestão com economias que podem bem justificar a eliminação do m_{L1}, aplicando-se apenas a margem de lucro m_{L2} ao conjunto do investimento na urbanização e na construção.

Como se depreende desta fórmula, os valores mais seguros e correctos para determinar o custo médio do metro quadrado de construção indexado ao solo são os que correspondem às variáveis independentes da equação que dizem respeito a custos determinados em sede de mercado de concorrência quase perfeita, como é o caso do sector da construção civil, ou por leis e regulamentos administrativos, como é o caso dos impostos e taxas. A única variável imprevisível e que escapa a uma lógica de mercado é a correspondente ao valor do solo.

A título indicativo, actualmente, os custos médios de infra-estruturação estimam-se entre € 150/m^2 de superfície de construção ou em cerca de € 15.000/lote de habitação unifamiliar. O custo médio da construção de edifícios de qualidade boa a excelente estima-se em € 700 a € 800/m^2.

Note-se que a Portaria nº 1240/2008, de 31 de Outubro, que fixa os valores de construção de habitação a custos controlados para 2009, determina os seguintes valores: Zona I = € 741,48/m^2; Zona II = € 648,15/m^2; Zona III = € 587,22/m^2. A Portaria nº 1545/2008, de 31 de Dezembro, que fixa o valor médio de construção referido no art. 39º do CIMI, para 2009, determina o valor médio de construção por metro quadrado [fixado pela Comissão Nacional de Avaliação de Prédios Urbanos (CNAPU)] de € 487,20/m^2. Estes indicadores de custo e de valor deveriam ser fundamentados e difundidos com o objectivo de informar e influenciar os comportamentos do mercado.

É de assinalar a preocupação em controlar, por lei, um preço que está controlado pelo próprio mercado e sobre o qual a lei não necessita de intervir, já que as empresas de construção civil estão em concorrência quase perfeita. Podemos até afirmar que a questão do controlo dos preços se inverte no sentido de impedir a prática de "*dumping*", praticando preços abaixo do custo. O efeito das portarias acima referidas incide fundamentalmente no condicionamento dos projectos de arquitectura no sentido de adoptarem soluções e materiais menos dispendiosos. Contudo, pode ter consequências perversas no sector da construção civil quando os custos tabelados estão abaixo do que é possível e aceitável à luz dos critérios de bom senso que devem assistir à arquitectura e à economia do sector.

O elevado custo do imobiliário, os comportamentos especulativos e o estado de abandono de uma parte significativa dos prédios, rústicos e urbanos, deve-se aos preços excessivos do solo e não ao preço da construção, pelo que a questão-chave se centra na regulação do mercado de solos e não no custo da construção.

Relativamente ao factor δ que controla o preço do solo rústico classificado como urbanizável e edificável, a sua regulação é o fulcro de uma boa política de solos e, como se pode constatar, os valores saem do domínio da razoabilidade quando δ ultrapassa os 0,05 do preço do produto final.

Se tivermos um apartamento lançado no mercado a € 1.600/m², com δ igual a 0,05, teremos como preço de m² de solo rústico urbanizável, para um índice de construção da urbanização de 0,5, o valor de € 40/m², valor muito elevado a gerar mais-valias na ordem dos € 37,50/m², considerando que a actividade agrícola não suporta um preço do solo rústico superior a € 2,50/m², isto para as culturas mais rentáveis. No caso da actividade florestal, os valores baixam para os € 0,20/m², elevando-se as mais-valias simples para € 39,80/m².

O controlo deste incremento do valor do solo rústico é uma questão política, depende da decisão discricionária do Estado e dos Municípios. É aqui que se coloca a questão da parametrização e da distribuição das mais-valias simples, matéria que desde 1965 passou a ser omissa na legislação urbanística portuguesa. Não se devem confundir as mais-valias simples, geradas por decisão administrativa, independentemente do comportamento do proprietário, com as mais-valias impróprias, as quais correspondem ao lucro de uma operação comercial determinado pela diferença entre o preço de compra e o preço de venda de um prédio. Por sua vez, as mais-valias indirectas devem-se à valorização decorrente da realização de obras estruturantes de iniciativa pública, como, por exemplo, a construção de pontes ou de novos bairros que têm por efeito imediato uma significativa valorização da propriedade existente na sua área de influência.

Tomando os parâmetros mais elevados considerados neste texto, o máximo do valor de base territorial, V_{bt}, corresponde a:

$\mathbf{P_f = V_{bt} + E_p}$
$\mathbf{V_{bt} = [(\delta P_f \times L) + C_i + E_i] \times m_{L1}}$
$V_{bt} = [(0,05 P_f \times 1,2) + € 150 + 0,03 P_f] \times 1,2$
$V_{bt} = 0,108 P_f + € 180$
$\mathbf{E_p = E_{dp} + C_t + m_{L2}}$
$E_p = 0,12 P_f + € 800 + m_{L2}$
$\mathbf{P_f = [[(\delta P_f \times L) + C_i + E_i] \times m_{L1} + (E_{dp} + C_t)] \times 1,2}$
$P_f = [[(0,05 P_f \times 1,2) + € 150 + 0,03 P_f] \times 1,2 + (0,12 P_f + € 800)] \times 1,2$
$P_f = [0,108 P_f + € 180 + 0,12 P_f + € 800)] \times 1,2$
$P_f = (0,228 P_f + € 980) \times 1,2$
$Pf = 0,274 P_f + € 1176$
$0,726 Pf = € 1176$
$\mathbf{P_f = € 1619,83}$

Este seria o valor médio da construção, com qualidade, seguindo os preços correntes de mercado.

O valor de base territorial do espaço edificado alcançaria aqui um valor da ordem dos € 354,94/m².

$V_{bt} = 0,108\ Pf + €\ 180$

$V_{bt} = (0,108 \times €\ 1619,83) + €\ 180$

$\mathbf{V_{bt}} = €\ 354,94$ (este montante refere-se ao valor da área de construção autorizada indexada ao solo)

No caso dos lotes para moradias unifamiliares, isoladas ou geminadas, é frequente o mercado adoptar um método de formação de preço por metro quadrado de terreno do lote, e não tanto pela área de construção autorizada para a moradia. No entanto, podemos sustentar que o preço nestes casos é determinado por uma ponderação conjunta da área de construção autorizada e da dimensão do lote, observando a área livre de logradouro que constitui um complemento importante e estruturante da tipologia de habitação unifamiliar.

Na avaliação, é cada vez mais importante ter em conta que os encargos fixos das moradias unifamiliares podem ser significativamente mais reduzidos do que os da habitação colectiva, nomeadamente no que concerne às despesas do condomínio. Acresce que as moradias unifamiliares, a médio e longo prazo, têm em geral uma depreciação muito menor do que as fracções autónomas. Os prédios em propriedade horizontal, se entram numa fase de degradação tal que só admitem renovação, carecem de um consenso entre os proprietários das fracções que pode não ser fácil de alcançar[66].

O processo de avaliação exige o domínio de uma informação sobre a economia real, observando a lógica da formação dos preços com um sentido crítico, atento a situações e comportamentos especulativos ou de algum modo anómalos. Os métodos de avaliação carecem de conhecimento e fundamentação sobre a formação do preço do solo, equacionando a relação entre o valor do solo e o valor de mercado do produto imobiliário.

---

[66] A propriedade horizontal só é constituída na legislação portuguesa em 1966, com o Código Civil, e, de certo modo, ainda não foi plenamente consciencializada a questão dos problemas inerentes à gestão condominial de prédios constituídos por inúmeras fracções distribuídas por outros tantos proprietários, com perfis, capacidades e interesses difíceis de conjugar em situações críticas de conservação, manutenção e eventual renovação desses imóveis.

Perante a inexistência de um Código de Avaliações devidamente estruturado, remete-se para os tribunais a tarefa ingrata de determinar por sentença o valor da expropriação, com base num quadro de argumentações onde é frequente os valores apresentados pelas partes serem espantosamente díspares, deixando os juízes numa situação delicada e desconfortável.

Se uma parte das componentes do preço é determinada pelo mercado (custos dos projectos, da construção, da fiscalização da obra, dos encargos financeiros e a margem de lucro), já o preço do solo, na medida em que depende dos conteúdos dos planos, não é determinado pelo mercado mas pela política de solos em geral e, em particular, pela classificação do uso do solo e parâmetros de urbanização e construção.

A tarefa de avaliação alicerça-se na compreensão crítica da economia do território, considerando as etapas do processo de estruturação dos usos e utilizações do solo, as lógicas subjacentes à divisão da propriedade, a formação dos custos da construção e os encargos indirectos.

Vem a propósito citar Stiglitz, quando este afirma que «*numa economia de mercado os níveis de preços desempenham um papel fundamental para o estabelecimento da confiança e servem de sinais orientadores da afectação de recursos. Se os preços se baseiam em informação (...) sobre aquilo a que se chamam os fundamentos básicos ou determinantes da economia, as decisões tomadas com base nesses preços serão sólidas. Se os preços são aleatórios, baseados nos impulsos irracionais de especuladores do mercado, o investimento será desordenado*»[67].

Apresenta-se de seguida um exercício que, sendo académico, não deixa de ter um sentido lógico que nos ajuda a avaliar o senso da economia do território.

Suponhamos um lote de terreno com forma rectangular de 10m x 45m, portanto, com uma área de 450m². Consideremos que, para se formar este lote urbano, são necessários 150m² de área de cedência para vias e demais espaços públicos e equipamentos sociais. Temos assim, que, para se formar um lote urbano de 450m², foi necessário dispor de 600m² de solo rústico.

O valor de rendimento de um solo rústico dificilmente pode superar os € 3,00/m² e daí podermos considerar que o custo do solo rústico necessário para criar o lote urbano em apreço foi de € 1.800,00.

---

[67] Cfr. STIGLITZ, Joseph E. – *Os Loucos Anos 90. A Década Mais Próspera do Mundo*. Lisboa: Terramar, 2003.

Vamos pressupor que se aceita um incremento de mais-valias simples correspondente a duas vezes o valor de base do solo rústico, o que daria para o custo do solo urbanizável necessário para a formação do lote um montante de € 5.400,00. Estimando os encargos de urbanização indexados ao lote em € 16.000,00 e atribuindo 15% deste montante para os encargos indirectos, obtemos como custo geral das obras de urbanização € 19.200,00. Assim, o investimento necessário para criar o lote orça em € 19.200,00 + € 5.400,00 = € 24.600,00. Se a urbanização fosse de iniciativa pública, o custo do lote urbanizado poderia ficar por aqui (note-se que até 1965 as urbanizações em Portugal eram apenas de iniciativa pública). Se for de iniciativa privada poderíamos considerar uma margem de lucro de 25%, o que daria um valor de venda do lote de € 24.600,00 + € 6.150,00 = € 30.750,00.

Termina aqui a fase da operação de loteamento, onde a principal incerteza se coloca na variável relativa ao custo do solo, a única que não é determinada num contexto de mercado perfeito ou quase perfeito.

A teoria económica clássica sustenta que o valor do solo se alicerça na renda agrícola, mesmo quando se trata do valor do solo urbano. Adam Smith, na sua obra *The Wealth of Nations*[68], refere, curiosamente, que a renda do terreno para construção, à semelhança do que acontece para todos os terrenos não-agrícolas, é formada com base no valor da renda agrícola propriamente dita[69].

Esta referência tinha uma particular razão de ser no contexto de uma sociedade como a do século XIX, com acentuada dominância da economia agrícola, enfatizada pelo espectro de uma carência alimentar crónica. Mas hoje, apesar da perda de protagonismo da economia agrária, a importância do solo como suporte e garantia dos valores financeiros do imobiliário continua a ser um facto marcante. É certo que esta importância se afirma agora sob a égide do uso urbano, contudo, a base do valor, como observavam os clássicos, não se sustenta na construção, mas sim no solo.

---

[68] SMITH, Adam – *An Inquiry into the Nature and Causes of the Wealth of Nations. Vols. I e II*. Oxford: Clarendon Press, 1976.

[69] Esta observação é citada por Karl Marx, que acrescenta «*le prix de la terre peut augmenter, sans que la rente augmente, c'est a dire: par simple baisse du taux d'interet, il en resulte que la rente est vendue plus cher et la rente capitalisée, le prix de la terre, augmente*». Cfr. MARX, Karl – *Le Capital. Livre Troisième. Tome III*. Paris: Editions Sociales, 1971, p. 156.

Questões-chave:

- Há solos disponíveis para urbanizar a preços razoáveis, com procedimentalização e parametrização de mais-valias simples e tendo como referência o valor do solo rústico inicial?
- Se não há, que fazer em termos de política de solos para que passem a existir, com um enquadramento que não deixe margem para a ocorrência de práticas especulativas?
- Como parametrizar e distribuir as mais-valias simples geradas pela alteração do solo de rústico para urbano ou pela sobredensificação da construção em lotes preexistentes?

Note-se que, sem haver um modelo eficaz de parametrização e retenção de mais-valias e de controlo sobre os direitos de apropriação e utilização dos prédios disponibilizados a preços justos, acontecerá fatalmente que o proprietário do produto final, beneficiando de preços controlados, pode, de seguida, efectuar transacções especulativas e apropriar-se das mais-valias simples geradas nesta fase retardada. Num ideal de justiça económica não deveriam existir mais-valias simples, isto é, ninguém deveria ser obrigado a pagar um bem "trazido pelo vento" e que decorre de uma decisão administrativa. Na segunda fase, correspondente à construção do espaço edificado, pode e deve haver uma ampla abertura ao investimento privado, devendo o Estado e os Municípios, porém, reservar o espaço necessário à intervenção pública para a regulação do mercado imobiliário, travando o passo aos desvarios do crédito hipotecário de alto risco, por sua vez disperso por derivados de difícil compreensão e controlo, conduzindo ao que Greenspan eufemisticamente designou por "exuberâncias irracionais" do sistema financeiro.

A formação dos preços do espaço edificado pode desenvolver-se em regime de mercado quase perfeito, tendo, portanto, o mercado do sector da construção civil uma capacidade auto-reguladora. Depois de concluído o produto final, a sua entrada no mercado presta-se de novo a comportamentos especulativos.

As patologias especulativas beneficiam os proprietários dos terrenos urbanizáveis e de outros terrenos rústicos expectantes transaccionados por valores referidos ao mercado de solos urbanos e podem também beneficiar os promotores, mas nunca beneficiam as empresas de construção civil, enquanto tais, nem muito menos o utilizador final.

4. Da avaliação

4.1. Conceito de avaliação

Considera-se que «*a avaliação é sempre a opinião individual de um profissional acerca do montante do capital, renda ou valor de uma propriedade num determinado contexto. Tal opinião é datada e fundamentada num conjunto de factores relevantes e de pressupostos, de entre os quais são de destacar os seguintes:*

- *Que o vendedor tem necessidade de vender.*
- *Que há uma folga de tempo para que os interessados se possam informar sobre o próprio mercado, tendo em conta o estado circunstancial deste e o tipo de propriedade em causa. O período de tempo deve ser também suficiente para que o acordo do preço e dos termos de concretização da transacção se processe sem precipitações por parte do vendedor, do comprador e do avaliador.*
- *Que o comportamento do mercado, o nível dos valores e outras circunstâncias relevantes são os mesmos que enquadram as datas da avaliação, do contrato do negócio e da sua concretização.*
- *Que não é dada qualquer relevância a factores de oportunidade gerados por uma procura circunstancial ou motivados por um interesse especial.*
- *Que as partes envolvidas na transacção aceitam fazê-la de forma esclarecida, prudentemente e sem quaisquer pressões.*

É de sublinhar ainda que a avaliação é uma opinião acerca do valor de um bem, determinado segundo pressupostos específicos, independentemente de eventuais negociações e conveniências das partes»[70].

---

[70] Cfr. THE ROYAL INSTITUTION OF CHARTERED SURVEYORS (RICS) – *RICS Appraisal and Valuation Manual*. London: RICS Books, 1995.

Esta definição está mais focada para operações de transferência de direitos de propriedade e esclarecimento de apoio à decisão de pessoas interessadas em comprar ou em vender um determinado prédio e que, cautelosamente, pretendem conhecer fundamentadamente a ordem de grandeza de um preço aceitável. Enquadra-se ainda na ajuda à programação das condições a vigorar numa determinada transacção. A avaliação pode, no entanto, ter outras finalidades, tais como a obtenção de financiamento e de crédito, a realização de operações de seguro, a assessoria em situações de litígio e ainda a produção de informação de apoio à decisão em operações de investimento e prática de gestão e de contabilidade onde estejam envolvidos activos imobiliários[71].

Os desenvolvimentos e utilizações potenciais dependentes de decisões discricionárias no âmbito da elaboração, interpretação ou alteração de planos territoriais colocam o avaliador perante incontornáveis domínios de incerteza. Nestes casos aconselha-se a que o relatório de avaliação explicite e fundamente essas incertezas e considere os diversos cenários possíveis, apresentando os valores correspondentes a cada um. Estes cuidados são especialmente pertinentes quando se está perante prédios onde se perspectivam eventuais alterações de uso e de parâmetros urbanísticos. Os domínios de incerteza abrangem as alterações do uso do solo, os parâmetros de construção, os usos admissíveis, a incerteza relativa à aprovação dos planos e dos projectos e aos prazos de licenciamento, a eventual ausência de termos de comparação e a raridade de procuras, e a dependência do sucesso do empreendimento, particularmente quando é necessário avaliar com base no método residual[72] e nos fluxos de caixa da exploração.

---

[71] Nos Estados Unidos da América, os profissionais fazem avaliação em imóveis para fins fiscais, nomeadamente em situações de litígio. Em Inglaterra, o RICS interdita aos seus associados fazer avaliações para efeitos fiscais. Porventura face a critérios como o da *poll tax*, os avaliadores, numa atitude de prudência, afastaram-se da melindrosa questão fiscal. Contudo, é necessário que a disciplina da avaliação inclua o estudo e a fundamentação do valor fiscal e a ponderação da razoabilidade das taxas e do montante das colectas face ao rendimento real ou presumido do prédio, de forma a permitir um juízo crítico esclarecido por parte da comunidade.

[72] O princípio do valor residual estabelece que um imóvel pode ser decomposto em diversos factores e o valor atribuível a cada um deles é obtido pela diferença entre o valor global do prédio em causa e os valores atribuíveis ao conjunto dos restantes factores. Os conceitos de *valor residual do solo* e de *valor de base territorial* são quase equivalentes.

Para que seja possível efectuar avaliações com um reduzido domínio de incerteza e merecedoras de confiança, é importante um ordenamento do território tendencialmente estável, onde as alterações de uso e as operações de expansão e renovação urbanas constituam uma excepção e a regra seja reabilitar e conservar.

Na avaliação de um imóvel há que ponderar distintamente, por um lado, a componente dos investimentos feitos em melhoramentos que dependem da vontade e da iniciativa do proprietário e, por outro lado, a componente do valor do solo que é determinada pela dimensão do prédio, a sua localização relativa e os direitos constituídos de uso, de construção e de utilização.

Na sua expressão mais pristina, o solo, em si, não tem um custo de produção, contudo, mesmo no solo silvestre adaptado à produção florestal, há investimentos infra-estruturais que se reflectem no valor do solo. Por maioria de razão, o solo agrícola incorpora custos de trabalhos de arroteamento, limpeza, modelação, despredega e conservação. Quanto ao solo urbano, o seu valor deve ser objecto de avaliação incorporando já todos os encargos em infra-estruturação e investimentos em espaços e serviços públicos considerados no cômputo geral dos encargos da urbanização.

Em todo o caso, tem lógica considerar que há uma parte do valor do solo que não advém do valor do trabalho nele incorporado, tratando-se de um valor de base que se fundamenta no seu enquadramento social e na sua territorialização. É uma questão que se coloca na esfera da Filosofia Económica e que tem a sua importância conceptual, ajudando a compreender o carácter singular do mercado fundiário.

As relações entre a oferta e a procura são assimétricas e não respeitam o princípio da uniformidade. Todas as pessoas, por imperativo natural, têm necessidade de um espaço vivencial, que corresponde ao seu direito de estar no mundo, já o mesmo não se pode dizer quanto à necessidade de serem proprietárias. Quer o direito à habitação, quer o direito da propriedade privada são fundamentais, mas equacionam-se de forma distinta.

A procura de imóveis pode ter muitas motivações, que devem ser consideradas. Entre elas destacam-se:

– Procura para ocupação e utilização pelo próprio;
– Procura para investimento em prédios de rendimento;
– Procura para entesouramento;
– Procura para comercialização;

- Procura para urbanização ou operações afins (empreendimentos turísticos, pólos industriais ou logísticos, entre outras).

O mercado imobiliário dificilmente se equilibra, tem pouca elasticidade e, pela sua natureza, não é passível de se ajustar às regras de uma concorrência perfeita ou quase perfeita. Não há atomicidade nem fluidez da oferta nem da procura. A sua regulação é uma necessidade incontornável nas sociedades evoluídas, exigindo:

- Planificação e arrumação com base na classificação dos usos do solo e correspondente segmentação do mercado fundiário;
- Disponibilização do solo em conformidade com princípios de ordenamento e com o sentido útil dos espaços territoriais;
- Assunção das implicações jurídicas e económicas dos usos imperativos e dos usos facultativos e respectivas disciplinas de utilização, exploração e conservação;
- Consciência da necessidade de uma política de habitação, assumindo o alojamento como uma necessidade básica.

O mercado fundiário está em geral subordinado ao mercado imobiliário, entendido este como o mercado dos produtos finais de habitação, escritórios, espaços para a indústria e logística, entre outros.

Para abarcar todo o tipo de bens presentes na operação de avaliação de um prédio, devem ser considerados separadamente o valor do solo, o valor das construções, o valor de peças de mobiliário eventualmente existentes e o valor das estruturas amovíveis.

O valor do solo deve ser calculado e referido ao *valor de base territorial*, considerando a dimensão do prédio, a sua localização e os direitos de construção e de utilização constituídos. Podemos, assim, constatar que o valor do solo depende em grande parte das políticas territoriais configuradas na lei e postas em prática no âmbito do sistema de planeamento em vigor. Nas sociedades organizadas e estruturadas segundo uma ordem de Estado, o uso do solo é objecto de uma crescente regulação que resulta ora da aplicação directa de leis, ora do recurso a planos territoriais.

Na formação do valor do solo operam de forma distinta, por um lado, as leis, os planos e o aparelho administrativo que procede à sua gestão e, por outro lado, os agentes que operam na esfera privada e que decidem e actuam segundo relações e regras de mercado.

As leis, sendo abstractas e gerais, não prescrevem as características físicas e estruturais de cada prédio, incidindo antes sobre os direitos e obrigações da propriedade imobiliária e dos interesses associados ao solo, à construção e à utilização, em conjugação com as necessidades da comunidade no seu todo e perspectivadas na esfera do interesse público, sem descurar os direitos e circunstâncias das pessoas na sua individualidade.

A lei estabelece:

- As regras de apropriação do território pelos Estados e, dentro de cada um destes, pelas diversas pessoas públicas e privadas;
- Os direitos e obrigações relativos a cada prédio no seu contexto geográfico, garantindo relações de acessibilidade, de vizinhança e de conexão com as demais redes públicas;
- As condicionantes e demais restrições de uso;
- As competências e condições de urbanização e os direitos de construção e utilização;
- Os direitos de transmissão.

4.2. Fundamentos da avaliação

O solo é, sob o ponto de vista económico, um dos três principais factores de produção, a par do capital e do trabalho (distinguindo-se aqui a capacidade empreendedora como um factor singular).

A atribuição de um valor a um prédio fundamenta-se na expectativa de obtenção de benefícios futuros e, por isso, não é suficiente que a avaliação tenha por base apenas a comparação com preços de prédios semelhantes ou o custo de reposição. O rendimento ou a utilidade directa da ocupação do prédio são informações muito substantivas e determinantes na estimativa do valor.

A Economia é um sistema em permanente mudança e os mercados que operam sobre o imobiliário estão sujeitos a contínuas variações de comportamento que não são fáceis de apreender em tempo útil.

O valor não deve ser determinado por métodos de projecção da evolução dos preços por séries temporais nem com base no investimento realizado no prédio. A estimativa do valor de um prédio deve ser sustentada em cálculos previsionais de utilidade e de rendimento que ele pode proporcionar no futuro. Sem ignorar a informação disponível do historial dos preços de transacção de um determinado prédio, o perito avaliador deve centrar a sua atenção nos rendimentos e demais benefícios que o prédio pode, com aceitável confiança, vir a proporcionar.

O objecto central da avaliação aplicada ao património imobiliário é a utilidade e o rendimento que futuramente se podem esperar obter de um determinado prédio, considerando a sua vertente fundiária, as estruturas edificadas e os direitos constituídos, assim como eventuais ónus que, de algum modo, afectem as prerrogativas da propriedade do mesmo.

Ao longo da História, em sociedades política e juridicamente evoluídas e seguras, o investimento no solo enquanto bem de raiz tem-se revelado compensador, escapando às desvalorizações monetárias e defendendo as poupanças da erosão inflacionista. Contudo, nas últimas décadas, principalmente a partir dos anos 80, a abertura e desregulamentação do crédito hipotecário fomentou vícios de cálculo na determinação do valor de caução para efeitos de empréstimos destinados à compra de prédios. Esta sobrevalorização abusiva distorceu os valores do mercado imobiliário e colocou em risco o próprio sistema financeiro. Daí a necessidade de uma disciplina reguladora do mercado imobiliário, principalmente na sua vertente fundiária, estabelecida em sede de Direito e de Lei. Esta regulação carece de ser alicerçada na axiomática da lógica territorial e nos princípios do urbanismo e na topologia do ordenamento geral dos usos do solo de uma forma extremamente simples, sem excessos de burocracia e de meandrizações que diminuam as virtudes do mercado. Há, contudo, que não ter contemplações no que concerne a comportamentos de risco para a organização funcional do território e para a segurança económica das populações, e para a estabilidade e confiança do sistema financeiro.

O mercado imobiliário deve ser estruturado para responder às necessidades sociais de habitação e para fomentar o desenvolvimento dos sectores produtivos da economia que dependem da disponibilidade do solo para laborar. A saúde do mercado requer fluidez e equilíbrio na relação entre a oferta e a procura, onde cada entidade, individualmente, equaciona os seus interesses, expectativas e necessidades face às possibilidades de resposta que se apresentam no mercado à data e durante um relativamente curto período de tempo.

4.2.1. Identificação da melhor e mais rentável utilização

É importante aprofundar o conceito clássico do *highest and best use*, o uso melhor e mais rentável. É um conceito datado de uma época em que o solo era visto exclusivamente como um bem de rendimento quase sem restrições impostas por razões de interesse público associado à salvaguarda e valorização dos recursos naturais.

A determinação do *highest and best use* faz-se sempre numa base conjuntural, excepto para o uso florestal, o qual tem de obedecer a ciclos extraordinariamente longos, geralmente superiores a 50 anos e que, portanto, exigem uma permanência e uma estabilidade que não é compaginável com incertezas ou com flexibilidades e mudanças.

O *highest and best use* pressupõe que o uso e utilização de um prédio devem ser sempre aqueles que proporcionam o mais elevado rendimento para o seu proprietário. Na sua origem, este é um conceito eminentemente económico e financeiro, desenvolvido principalmente nos Estados Unidos e invocado na teoria clássica da tributação do património com o intuito de estimular os proprietários a tirarem o melhor partido da sua propriedade, considerada sempre como uma potencial fonte de rendimento.

Presentemente, o sistema de planeamento do território desliga o conceito de melhor uso entendido como o mais correcto do uso mais rentável. Isto acontece porque o uso mais desejável na perspectiva do interesse social pode não coincidir com o uso mais lucrativo na perspectiva do proprietário.

O *highest and best value*, numa perspectiva puramente económica, privilegia o uso e a utilização que maximizam o rendimento do proprietário e pressupõe que este tem uma ampla liberdade de escolha para ir ao encontro das condições que lhe são mais favoráveis na sua relação com o mercado. Trata-se de uma opção de gestão tomada na esfera privada.

Este conceito confronta-se com as limitações e com as condicionantes criadas pelos planos territoriais. No âmbito da tarefa de planeamento, o melhor uso envolve a ponderação da melhor distribuição dos usos do solo, considerando factores que transcendem a perspectiva estritamente económica.

Se o sistema de planeamento e a legislação urbanística não tiverem o cuidado de impedir comportamentos patológicos, pode acontecer que o *highest and best use* corresponda a situações aberrantes do ponto de vista do bom ordenamento do território. São disso exemplo as situações dos terrenos urbanizáveis que, na sua maioria, nunca virão a ser urbanizados e que são mantidos expectantes, sonegados ao uso agrícola e ao uso florestal.

Algo está mal quando o *highest and best use* de um prédio se alcança mantendo-o devoluto e em estado de ruína. A má configuração dos regimes do arrendamento urbano e rural pode induzir muitos proprietários a preferir manter os seus prédios vazios e abandonados a alugá-los. Numa situação normal, um prédio arrendado deveria ter um valor de mercado igual ou superior àquele que teria se estivesse vazio.

A legislação urbanística das últimas décadas favoreceu sempre o agravamento do custo do solo, desregulou o crédito hipotecário ao ponto deste favorecer o aumento do preço do imobiliário e não conseguiu devolver a justiça e a confiança ao mercado do arrendamento. O regime do crédito à compra de imóveis, ao centrar a atenção do comprador no montante do encargo mensal que vai ter de pagar, relega para segundo plano, ou pode mesmo obnubilar, a questão do preço a que o imóvel está a ser transaccionado e, nestas circunstâncias, o valor do imóvel do mercado passa a ser levado ao máximo em função da prestação mensal suportável pelo comprador incauto.

Sublinha-se aqui novamente a importância de uma informação estruturada disponível e amplamente difundida sobre os valores e os preços do imobiliário. Esta informação e os dados que a fundamentam são um alicerce indispensável para a prática da avaliação, para a programação das políticas de solos e para estabelecer os objectivos dos planos territoriais, os quais deviam estar articulados com as cartas de preços.

A informação revela uma realidade que não somos obrigados a aceitar como uma inevitabilidade. Pelo contrário, a informação é útil na medida em que permite desenvolver uma reflexão crítica sobre a realidade no sentido de a alterar nos seus aspectos que se considerem errados.

A exploração mais vantajosa de uma propriedade analisa-se face a duas situações distintas: na primeira, considerando a parcela de solo vazia e aberta a todas as possibilidades que a legislação em vigor e os planos territoriais permitem; na segunda, considera-se a mesma parcela com a construção nela existente e perspectivando as possibilidades de utilização desse espaço edificado como ele se apresenta e apenas passível de pequenas alterações e melhoramentos.

Perante um prédio ocupado com uma construção, pode-se considerar a possibilidade de manter a estrutura existente com a mesma actividade ou com uma outra, proceder a ligeiras alterações e a uma reconversão da utilização. Em última análise, pode-se também eventualmente proceder à demolição do prédio existente e à construção de um novo edifício numa operação de renovação que permita instalar a exploração mais vantajosa. Todos estes cenários, sempre que façam sentido, devem ser considerados no acto da avaliação.

Em regra, a máxima valorização do solo é alcançada quando a parcela se encontra vazia, livre de qualquer construção e, portanto, disponível para ter o desenvolvimento e a melhor adaptação à utilização e exploração mais rentáveis. No caso do solo se encontrar ocupado por construções ou outras benfeitorias, estas condicionam a sua utilização e exploração, e, consequentemente, o seu valor é afectado pela funcionalidade circunstancial da propriedade. Pode acontecer que compense proceder à demolição das construções e desenvolver um novo projecto de raiz através de um processo de total renovação do prédio.

No acto de avaliação de uma propriedade, tendo por referência a sua melhor e mais rentável utilização, devem ser ponderadas as seguintes questões:

- As possibilidades de desenvolvimento permitidas no âmbito da lei e das suas extensões explicitadas nos conteúdos dos instrumentos de planeamento do território;
- As limitações decorrentes das características específicas do terreno nas vertentes geomorfológica, geográfica e urbanística locais;
- As exigências de investimento e de outros encargos financeiros necessários para concretizar e manter a propriedade no seu melhor desempenho;
- As condições de utilização e exploração que optimizam o rendimento.

Quando o valor de mercado se desliga do valor do rendimento a ponto da máxima valorização da propriedade ser conseguida mantendo o prédio devoluto, em abandono e mesmo em estado de ruína, está-se perante uma situação patológica e não se pode aceitar que essa seja a sua melhor e mais rentável utilização. Nestas circunstâncias, a avaliação é um exercício ingrato, no entanto nada obsta a que o perito avaliador e as suas associações profissionais alertem, numa atitude informativa e pedagógica, para este comportamento anómalo que inflaciona de forma absurda o valor do solo. Nesta matéria, é essencial que o avaliador considere o efeito das externalidades negativas induzidas pelo estado degradado de uma propriedade sobre o valor dos imóveis vizinhos, elaborando um juízo concreto de avaliação na perspectiva da eficiência económica. De facto, e neste enquadramento, o princípio da eficiência, de vigência constitucional, obriga à consideração – *in casu*, internalização – destas externalidades negativas na contabilidade individual do agente causador. Sendo a avaliação uma operação que visa a introdução de eficiência no mercado imobiliário (a sua função nisso se legitima), é totalmente justificável, e até mesmo obrigatória, a consideração destes efeitos económicos indirectos no juízo de avaliação de mercado.

4.3. O processo de avaliação

A avaliação de um prédio obedece a métodos de análise da sua estrutura física e do seu enquadramento, dos direitos sobre ele constituídos e a critérios fundamentados de determinação de valores, de modo a responder às questões formalmente apresentadas pelo cliente relativas ao valor dos direitos associados sobre o prédio objecto da avaliação.

O processo de avaliação deve estruturar-se nas seguintes etapas:

I Etapa
- Identificação do avaliador;
- Identificação do cliente e do mercado visado;
- Identificação do uso actual e potencial do imóvel em avaliação;
- Identificação do tipo de transacção preconizada e do tipo de valor que lhe corresponde;
- Identificação e descrição qualitativa e quantitativa das características da propriedade com relevância para a determinação do valor em causa;
- Pressupostos extraordinários, singularidades ou condições hipotéticas que enquadrem a operação.

II Etapa
- Demarcação do âmbito do trabalho de avaliação em causa, de modo a que este corresponda às expectativas da encomenda, observando resultados de avaliações feitas em situações semelhantes;
- Recolha e interpretação de dados relevantes para a descrição da propriedade e do mercado onde ela se pode inserir;
- Dados relativos à unidade de vizinhança do prédio;
- Dados relativos à situação jurídica do prédio e aos direitos de uso, de construção e de utilização, às construções existentes e a eventuais actividades económicas instaladas;
- Análise comparada com outros prédios semelhantes, observando preços de venda, índices de ocupação, percentagem de prédios devolutos na zona, factores de depreciação, custos de conservação, rendimento previsível e taxas de capitalização aplicáveis;
- Análise da procura real e potencial, análise da oferta concorrente e probabilidade de comercialização num horizonte temporal predeterminado;
- Análise da utilização e exploração mais vantajosa, considerando a propriedade como esta se encontra e contrastando esse cenário com a

hipótese de o terreno estar livre e passível de nele ser implantado o projecto mais rentável;
- Opinião sobre o valor do solo, considerado separadamente do valor das construções e outros melhoramentos existentes. É importante atender ao facto de que o terreno observa uma lógica de alteração de valores diferente da das construções. Por princípio, o valor do terreno não se deprecia, ao contrário das construções às quais se aplica uma taxa de desvalorização anual de 2% para os prédios com menos de 25 anos e de 2,5% para os prédios com mais de 25 anos. Os investimentos feitos na conservação e restauro observam ciclos de depreciação/amortização de 10 anos.

III Etapa. Avaliação propriamente dita
- Determinação do valor de mercado, podendo utilizar-se três métodos: método comparativo, método do custo ou de substituição e método da capitalização do rendimento;
- Comparação dos resultados obtidos pelos três métodos anteriores, respectiva avaliação crítica e formulação da opinião sobre o valor final da avaliação;
- Relatório sobre o valor final.

4.4. Métodos de avaliação

4.4.1. Avaliação pelo método comparativo

Segundo este método, a determinação do valor de um prédio fundamenta-se na informação recolhida sobre os preços de transacção e rendas de prédios semelhantes, ou de algum modo comparáveis àquele que está a ser objecto de avaliação e localizados nas suas vizinhanças ou em círculos de mercado com características idênticas. O avaliador procede à comparação dos prédios, ponderando primeiro os factores quantitativos e depois os aspectos qualitativos, evidenciando aqueles que se prestam a ser tomados como termo de comparação e que são mais relevantes na determinação do valor das propriedades que estão a ser objecto da análise comparativa.

Torna-se, assim, importante observar as semelhanças que podem sustentar a atribuição de valores idênticos, em contraponto com as diferenças que possam estar na base de discrepâncias.

Naturalmente, os prédios que são tomados como termo de comparação não são idênticos entre si e isso revela-se numa diferença de preços de venda.

Uma tarefa importante da avaliação consiste em procurar identificar os factores que estão na origem dessas diferenças e que podem ter a ver com a dimensão da parcela de terreno, com a área de construção, com a localização, com a qualidade arquitectónica, com a vetustez da construção, estimando-se assim o grau de correlação de cada um dos factores mais sensíveis com a formação do valor.

O processo de cálculo deste método comparativo exige ajustamentos no sentido de corrigir desvios e dissemelhanças entre os prédios comparados, de modo a concentrar a avaliação naquilo que é comparável e densificar a base dos termos de comparação.

A comparação implica um exercício selectivo com arranjos e combinações que confiram sentido aos conjuntos de prédios tomados como termo de comparação para a avaliação a realizar. Em cada um dos prédios identificam-se os elementos-base de comparação que irão permitir proceder aos ajustamentos que se apresentarem necessários, os quais consistem em encontrar um denominador comum de factores que permite a comparação entre imóveis.

Quando não exista um número significativo de prédios para conferir credibilidade à amostra que serve de comparação, este método não é aplicável. O recurso a instrumentos de investigação operacional ou a simples análises estatísticas, por muito interessante que seja, deve merecer sempre especial cuidado, na medida em que a informação adquire um carácter excessivamente abstracto a ponto de se tornar perigosa e mesmo incompatível com o carácter casuístico e opinativo da avaliação. A estatística deve ser sempre utilizada como um mero instrumento complementar e as informações produzidas através de formulários abstractos e gerais devem passar por um crivo crítico, de modo a nunca pôr em causa a independência e o controlo do juízo da avaliação por parte do perito avaliador.

Os ajustamentos a efectuar classificam-se em ajustamentos relativos às características da transacção e ajustamentos relativos à estrutura física e económica da propriedade e à sua utilização.

Os ajustamentos relativos às características da transacção devem, em primeiro lugar, atender às diferenças verificadas entre os imóveis objecto de comparação em matéria do *tipo de direitos de conteúdo patrimonial* que sobre eles incidem. Por exemplo, importa aqui considerar de forma distinta um imóvel arrendado de um imóvel disponível, fazendo os ajustamentos adequados de forma a tornar os respectivos valores comparáveis. Em muitos casos, estes ajustamentos são feitos através de operações de cálculo financeiro.

É ainda necessário efectuar ajustamentos sempre que as condições de financiamento possam afectar o valor final do imóvel. Prédios idênticos podem ser transaccionados por preços diferentes devido às distintas condições de financiamento subjacentes a cada um dos negócios. O valor de mercado mais depurado é aquele que é avaliado tomando como termo de comparação o preço de propriedades transaccionadas a pronto pagamento sem recurso ao mercado financeiro.

Quando confrontados com preços discrepantes correspondentes a transacções realizadas em condições invulgares, devido a motivações subjectivas do comprador ou do vendedor que não obedecem às condições normais do mercado, esses casos devem ser excluídos da amostra que serve de termos de comparação.

Quando imediatamente após a compra são realizadas despesas com o imóvel – por exemplo, substituição de um telhado, pintura, repavimentação ou demolição de um imóvel –, deve-se presumir que se trata de situações que eram do conhecimento do comprador à data da transacção e que as mesmas tiveram influência no preço de compra, pelo que a verificação de situações deste tipo deve dar lugar a um ajustamento.

Considerando que o mercado imobiliário é extremamente dinâmico, é necessário introduzir um factor de compensação e de correcção que atenda ao período de tempo que medeia entre a data da transacção comparável e a data da avaliação.

Finalmente, há que ter em conta os ajustamentos relativos às características da construção, os quais dizem respeito à localização do imóvel, características físicas, características económicas, uso e zonamento, e são geralmente introduzidos após efectuados todos os ajustamentos que devam ter lugar relativos às condições da transacção.

As diferenças quanto às características físicas dos imóveis são frequentemente significativas. Devem-se considerar aqui as diferenças quanto à dimensão, qualidade e antiguidade das beneficiações e outros aspectos de conforto e funcionalidade dos imóveis.

A localização começa por identificar o enquadramento do prédio nas áreas de mercado onde ele compete e dentro destes domínios geográficos observam-se os enquadramentos locais de cada um dos prédios tidos como comparáveis, de modo a equacionar as diferenças de qualidade dos sítios que influenciam o valor de mercado, estabelecendo factores de ajustamento que neutralizem essas diferenças e tornem mais fiável a comparação.

As diferenças verificadas em aspectos económicos, tais como a qualidade da gestão do imóvel, montante das despesas de administração e relevância dos encargos fiscais, são também objecto de ajustamentos.

Quando as diferenças relativas às possíveis utilizações do imóvel e à qualidade da envolvente são muito relevantes, está-se eventualmente perante prédios que podem não ser comparáveis, e, portanto, não tem sentido o exercício do ajustamento.

A avaliação deve ter em conta a influência que as envolventes têm na formação do valor de uma propriedade, a qual pode ser valorizada ou desvalorizada pelas transformações que ocorrem na sua vizinhança. Esta influência da envolvente no preço corresponde às referidas "externalidades"[73].

Assim, os juízos de avaliação devem tomar em consideração o enquadramento integral dos mercados fundiários e imobiliários, o que transcende e até se distingue de uma simples análise comparativa pro-cíclica. Os resultados da avaliação decorrentes de uma obediência pragmática à conjuntura não são aceitáveis e merecem ser criticados. Em períodos de expansão, os valores de referência conjunturais são tendencialmente especulativos. Acresce ainda o facto de, geralmente, tomarem em consideração as expectativas não fundadas de valorização decorrentes da simples análise dos preços de oferta publicitados, que raramente correspondem ao valor efectivo da transacção. Em épocas de contracção, os resultados da avaliação são tendencialmente mais conservadores, atendendo às pressões dos financiadores – bancos – e aos receios de degradação sucessiva do mercado no médio prazo. Ora, estes juízos – compreensíveis – não podem, no entanto, obnubilar todo o enquadramento macro-financeiro descrito nem os efeitos externos que se fazem sentir no mercado imobiliário. Sendo o juízo comparativo importante, ele não poderá substituir a análise fundamental do sistema urbano e da economia do território, onde é desejável que o valor de mercado não se distancie do valor de rendimento normal, aceitável no orçamento das empresas e das famílias.

4.4.2. Avaliação pelo método do custo

Este método implica a fragmentação da propriedade considerando dois conjuntos de componentes principais: as relativas ao solo (localização, dimen-

---

[73] Cfr. LOBO, Carlos Baptista – *Lei do Solo. Aspectos Financeiros e Fiscais*. Lisboa: DGOTDU, 2011 (no prelo).

são, forma da parcela, áreas de implantação, logradouros, direitos de construção e de utilização, entre outros) e os relativos ao edificado e suas características. Algumas escolas criticam este método pelo facto de ele assentar numa divisão abstracta do prédio em apreço, centrada na coisa física do solo e da construção, quando, em boa verdade, no mercado se transaccionam direitos sobre os prédios e não propriamente terreno e edifícios *per se*.

Esta chamada de atenção é pertinente mas nem por isso diminui o interesse e a importância do método do custo, cujos resultados constituem uma referência para o avaliador, permitindo-lhe aperceber-se e procurar compreender e explicar as eventuais discrepâncias entre os valores de mercado e os valores que resultam dos custos normais formatados pelo sector da construção civil e os custos do solo, podendo ainda evidenciar os encargos administrativos e fiscais e os custos de contexto que, observados em conjunto e comparados, ajudam a desenvolver um juízo crítico sobre o estado do mercado e da sua regulação.

O método do custo tem a virtude de mostrar o peso do valor do solo na formação do valor do produto final. Note-se, contudo, que qualquer dos métodos de avaliação (o comparativo, o do custo e o do rendimento) se baseia em valores de mercado e na sua comparação. No entanto, se os custos da construção são formados e validados em tempo real pela orçamentação praticada nas empreitadas pelo sector da construção civil, permitindo fazer com rigor uma estimativa do custo de reprodução ou substituição do edificado, já quanto ao custo do solo a questão é muito mais complexa, porque aqui a oferta não cumpre os requisitos mínimos de um mercado concorrencial perfeito ou sequer quase perfeito.

Outra vantagem do método do custo é proporcionar ao comprador a possibilidade de confrontar os valores de mercado de um determinado prédio com o custo envolvido na compra de um terreno e construção de um prédio em condições semelhantes e, porventura, mais funcionais para o fim em vista. Sem esta informação, a procura é apenas confrontada com os valores de mercado, desconhecendo as alternativas, o que gera uma assimetria propícia a comportamentos especulativos e a outros abusos, retirando transparência e fluidez ao mercado.

Em condições normais de mercado, com a procura bem informada, esta, em princípio, não se dispõe a pagar por um prédio mais do que os custos envolvido na compra de um terreno semelhante e na construção de um edifício idêntico. Os custos de contexto, onde pesa particularmente a morosidade dos processos, podem levar o comprador a aceitar pagar um preço especulativo por não poder suportar um indevido tempo de espera. É por isso que os custos de contexto são um factor não negligenciável de distorção do mercado.

Na aplicação do método do custo distinguem-se os conceitos de *custo de reprodução* e de *custo de substituição*. O *custo de reprodução* estima o custo da construção, a preços correntes à data da avaliação, de uma réplica do edifício em apreço com as suas qualidades e defeitos. Já o *custo de substituição* diz respeito à construção de um edifício com dimensão, programa e localização idênticos à do edifício em apreço mas com a liberdade de recorrer a soluções arquitectónicas, materiais e técnicas de construção mais convenientes.

4.4.3. Avaliação pelo método da capitalização do rendimento

O rendimento real ou potencial de um prédio é uma indicação significativa para a avaliação do seu valor actual. O valor de rendimento decorre da capacidade do prédio para gerar receitas de rendimento e de retorno. Os prédios susceptíveis de produzir estas receitas são adquiridos como um investimento. Este método de avaliação faz fé na antecipação de benefícios futuros estimando o seu valor actual. Trata-se de uma operação que envolve previsão e antecipação dos rendimentos futuros e que, numa segunda etapa, pondera a taxa de juro a aplicar à capitalização do rendimento, observando um período de tempo que dê sentido e sustentação ao investimento.

A previsão do rendimento confronta-se sempre com incertezas e riscos associados às alterações que ocorrem no quadro geral da economia, das finanças e que, de algum modo, possam afectar o rendimento e o valor do prédio. Um dos factores de risco para quem investe em prédios de rendimento é a ocorrência de excessos de oferta, a ponto de haver prédios que fatalmente não encontram quem os arrende, ficando o investimento parado com rendimento negativo, já que o prédio sofre permanentemente depreciações e não escapa a um conjunto de despesas fixas. Esta situação pode ser evitada ou minorada dando informação ao mercado sobre as relações entre a oferta e a procura, acautelando promotores e investidores.

Os investidores que apostam no rendimento do imobiliário têm perfis muito diferentes que devem ser observados, desde o simples cidadão que aplica as suas poupanças em "prédios de rendimento" (grupo dominante até aos anos 70) até aos fundos imobiliários. Bem vistas as coisas, os bancos que se dedicam ao negócio do crédito hipotecário para habitação desenvolvem operações com algumas semelhanças com o regime do investimento em prédios de renda resolúvel.

O valor de rendimento deve ser sempre aferido à situação do mercado de arrendamento, observando a probabilidade de o prédio poder ficar devoluto. Há, portanto, que ter em conta a quantidade de prédios semelhantes que estão no mercado de arrendamento e que não têm procura. Quanto àqueles que estão ocupados em regime de arrendamento, há que ter o cuidado de comparar a renda efectiva com o valor de rendimento de mercado, uma vez que o valor de capital correspondente ao montante pelo qual um prédio está arrendado pode ser igual, superior ou inferior ao seu valor de rendimento, dependendo das condições contratuais do arrendamento e das dinâmicas deste sector do mercado.

O facto de um prédio estar arrendado faz com que o seu potencial valor de mercado seja profundamente afectado pelo valor de rendimento. O congelamento das rendas em Lisboa e no Porto em 1948 não afectou praticamente o valor de mercado dos prédios por se estar num período de grande estabilidade monetária. Já o alargamento desse congelamento a todo o país efectuado em 1975, num contexto de inflação galopante, provocou uma acentuada desvalorização dos prédios arrendados.

O "regime do arrendamento urbano" deve ser estruturado tendo em conta os seguintes factores:

- O valor e o preço de mercado dos imóveis;
- A igualdade/paridade com outras formas de investimento em prédios de rendimento, como seja o caso dos fundos imobiliários, nomeadamente no que diz respeito ao regime fiscal;
- Os encargos que o proprietário/senhorio tem de suportar para conservar o imóvel, impostos (Imposto Municipal sobre Imóveis – IMI, Imposto sobre o Rendimento – IR), o seguro do prédio, os custos de administração e outras despesas imprevistas para além dos factores de risco;
- A margem de lucro (rendimento líquido) e a taxa de amortização do investimento realizado;
- A confiança no mercado de arrendamento;
- O funcionamento da justiça em tempo útil.

É com a equação ponderada deste factores que se determina o valor da renda necessária para sustentar o investimento num prédio de rendimento, valor este que terá de ser confrontado com a renda de mercado e com a renda efectivamente cobrada com base no contrato de arrendamento e no comportamento do inquilino.

O efeito do congelamento e do apertado regulamento do regime de arrendamento, em franco desfavor dos senhorios, instalou-se em Portugal a partir de 1948 e agravou-se a partir de 1975. Esta circunstância, em conjugação com a concorrência das instituições de crédito, facilitada pela venda de imóveis com recurso a crédito hipotecário muito acessível, reduziu a oferta de imóveis para arrendamento, embora o quadro seja muito variável de cidade para cidade.

4.5. O relatório final da avaliação

Os relatórios de avaliação podem desdobrar-se em três categorias:

- *Avaliação original* – Trata-se de uma avaliação directa e isolada, que corresponde à opinião do profissional que a realiza sobre o valor do prédio, envolvendo uma análise do mercado local e das procuras potenciais que sobre ele incidem. Os tipo de valor a estimar pela avaliação deve ser claramente indicado e definido no início do trabalho aquando da sua solicitação;
- *Revisão de uma avaliação* anteriormente realizada por um outro profissional – consistindo na formulação de uma opinião crítica sobre os seus critérios e valores;
- *Consultoria em avaliação* – É um trabalho de informação e aconselhamento, alicerçado em estudos e análises que suportem um parecer sobre a melhor forma de actuar sobre problemas onde seja necessário estimar o valor de bens imobiliários que contribuam para a justeza das decisões.

Na elaboração da síntese final da avaliação deve ser verificada a fiabilidade e a lógica das diversas análises e métodos de abordagem que estão na base da estimativa do valor em causa. As diferentes conclusões a que se chegou em função de cada método de avaliação são aqui objecto de uma apreciação crítica à luz da sensibilidade do perito avaliador para se chegar a um resultado que este considere mais consentâneo com o caso em apreço.

Cada processo de avaliação tem uma finalidade específica, que corresponde à transacção que o cliente que a solicitou tem em vista. No caso da avaliação para compra ou venda, esta rege-se pelo valor de mercado e aproxima-se dos preços de alienação de prédios semelhantes.

A propriedade de um prédio desdobra-se em diversas partes com diferentes lógicas de formação de valor – entre as quais o solo, a construção, o uso e as utilizações autorizados –, mas a avaliação diz sempre respeito ao todo. O relatório da avaliação deve apresentar a repartição desse valor global pelas diversas componentes que estruturam e compõem o prédio, na situação em que este se apresenta para avaliação.

Nesta síntese final, haverá também lugar a um exame de todos os passos seguidos no trabalho, verificando, em particular:
- Se a idade efectiva do prédio considerada para efeitos do cálculo do valor pelo método do custo corresponde ao estado de conservação do edifício e à sua operacionalidade funcional;
- Se os ajustamentos efectuados para assegurar a validade da comparação entre os prédios da amostra têm um denominador comum de características físicas e de funcionalidade e de localização que permita sustentar a comparação entre os seus rendimentos e os preços de venda;
- Se os direitos existentes associados à propriedade do prédio em apreço correspondem efectivamente àqueles que foram considerados no processo de avaliação;
- Se a estimativa do valor teve em atenção as circunstâncias da ocupação, utilização e outras singularidades que de algum modo possam ter influenciado, à margem das condições normais de mercado, a formação do preço de cada um dos prédios tomados como termo de comparação;
- Se, de entre os três métodos de avaliação, algum se ajusta melhor às dinâmicas e comportamentos da área ou segmento do mercado onde se insere o prédio em avaliação;
- Se o perito avaliador utilizou todos os dados disponíveis e se estes são suficientes para informar e fundamentar a conclusão quanto à estimativa do valor;
- Se o relatório de avaliação atribuiu valores separados para o solo e para o conjunto das construções que nele estão implantadas;
- Se o tempo de espera para a venda de um imóvel corresponde ao razoável em condições normais de mercado, em princípio inferior a seis meses. Quando o tempo de espera ultrapassa este período, tal significa que estão criadas as condições para uma tendencial descida dos preços. Esta situação deve ser expressamente referida no relatório de avaliação.

As conclusões de uma avaliação, a informação que lhe serviu de base, os critérios interpretativos e os métodos de cálculo devem ser apresentados ao cliente num relatório escrito, independentemente das explicações orais que o complementem.

A título indicativo, um relatório de avaliação estrutura-se da seguinte forma:

I Capítulo
- Identificação da avaliação em causa, referindo o prédio, a sua localização, a entidade que solicita a avaliação e os fins a que a mesma se destina;
- Identificação do perito avaliador e da data efectiva da avaliação;
- Resumo das conclusões.

II Capítulo
- Descrição detalhada dos objectivos da avaliação, considerando as características do prédio, a identificação do proprietário, o estatuto jurídico dos direitos de construção e de utilização, e o seu enquadramento nos instrumentos de planeamento do território;
- Descrição do historial do prédio e observações sobre eventuais singularidades associadas à propriedade e à avaliação em causa;
- Análise do uso e das utilizações existentes e potenciais que de algum modo afectem o valor da propriedade;
- Referências que esclareçam sobre o comportamento do mercado local e regional no que diz respeito a prédios semelhantes àquele que está a ser objecto de avaliação;
- Descrição do prédio considerando apenas a componente solo em termos de dimensão, forma da parcela, localização e direitos de uso, construção e de utilização constituídos.
- Descrição das características e estado das construções, da sua funcionalidade e data da construção;
- Encargos fiscais de manutenção e outros que incidam sobre a propriedade à data da avaliação.

III Capítulo
- Análise interpretativa da informação e formulação de conclusões;
- Análise do uso e utilização mais rentáveis considerando o solo limpo e disponível;
- Análise do uso e utilização mais rentáveis, considerando o prédio no estado em que este se encontra à data da avaliação;

- Determinação do valor indexado ao solo;
- Determinação do valor pelo método comparativo;
- Determinação do valor pelo método do custo;
- Determinação do valor pelo método da capitalização do rendimento;
- Síntese interpretativa e formulação da opinião sobre o valor.

4.6. Revisão de uma avaliação

A elaboração e apresentação de um relatório opinativo acerca da qualidade de um outro relatório de avaliação ou incidindo sobre uma consultoria específica de apoio a um negócio imobiliário devem ser encaradas como uma prática normal, tendente à redução da incerteza e do risco inerentes às decisões sobre transacções imobiliárias.

A revisão da avaliação não incide sobre os resultados ou valores opinados na avaliação que está a ser revista, mas sobre a substância da informação de base utilizada e sobre os métodos utilizados no sentido de verificar se são os mais indicados. Não deve confundir-se a revisão de uma avaliação com a elaboração de uma segunda avaliação, já que a revisão não tem por finalidade chegar a um valor alternativo mas tão-só verificar se:

- O relatório da avaliação faz uma abordagem completa das circunstâncias que enquadram e caracterizam a propriedade em questão e a transacção que se perspectiva e que deu origem ao pedido de avaliação;
- Se os usos e utilizações considerados correspondem às reais potencialidades de desenvolvimento da propriedade, tendo em vista a melhor e mais rentável utilização;
- Se a informação de base recolhida é apropriada, suficiente e fiável para suportar as conclusões dela retiradas; observar os comportamentos;
- Se a área de mercado tomada como referência é suficiente e ajustada para validar a utilização do método comparativo;
- Se os objectivos que informam o relatório e que ele prossegue correspondem ao pedido do cliente;
- Se os cálculos estão correctos.

O perito que faz a revisão da avaliação tem obrigações deontológicas de confidencialidade, rigor, objectividade e independência idênticas às do perito avaliador cujo relatório está a ser avaliado.

4.7. Estimativa das depreciações

Faz parte integrante da avaliação verificar a qualidade, a idade actual e o estado de conservação da propriedade, considerando o seu tempo de vida útil remanescente, comparado com o seu tempo de vida económica remanescente. É também importante atender à taxa anual de depreciação, que se estima geralmente em 2,5% e que, obviamente, se aplica apenas ao investimento nas construções, e não ao solo.

A depreciação da propriedade pode dever-se também a perdas de valor por obsolescência funcional dos espaços e das estruturas, bem como a externalidades negativas.

A depreciação de um prédio corresponde a uma perda de valor que pode ter origem em diversas causas, sendo a mais frequente a vetustez da construção, mas podendo também ter outras, como sejam alterações na vizinhança com incidências ambientais negativas, insegurança, etc.

A depreciação de um prédio pode ser calculada pela diferença entre o valor patrimonial inicial e o valor que este alcança no momento actual e no estado em que se encontra. O diminuendo pode não ser o valor patrimonial, mas o valor de substituição, isto é, o custo actual da reconstrução de um prédio idêntico.

A depreciação diz respeito à deterioração física dos materiais, obsolescência funcional, ou à degradação da unidade de vizinhança que dá enquadramento ao prédio.

Para cada caso, é importante estudar as formas de depreciação reconhecidas pelo mercado. Curiosamente, quando o investimento se concentra de forma deslocada e excessiva no valor do solo, sobrevalorizando-o, pode chegar-se ao ponto de o mercado ser quase indiferente ao estado de conservação do edifício, podendo mesmo ver neste edifício um estorvo, e daí o interesse em manter o estado de ruína, porque as expectativas de lucro comercial maximizam-se com o prédio disponível, sem ocupação ou utilização, alicerçando-se o seu valor no solo e nos direitos de construção e de utilização constituídos. Nestas circunstâncias, o valor do edificado é nulo ou mesmo negativo, pois a sua demolição é um ónus a subtrair ao valor do solo.

Para estimar a depreciação, o avaliador tem em conta a idade da construção e o estado de conservação das diversas componentes do edifício, assim como o tempo de vida do empreendimento. Em geral, atribui-se aos edifícios e às infra-estruturas um tempo de vida de 40 anos. Volvido este período, o investimento aplicado na construção deve estar amortizado, o que significa que o valor da construção se depreciou, reduzindo-se o valor do prédio ao valor do solo desocupado. Por isso, é sempre conveniente recorrer ao artifício de estimar separadamente o valor do solo e o valor dos edifícios e demais benfeitorias existentes no prédio. Nas zonas onde se admitem processos de renovação urbana ou de simples reconstrução dos edifícios, o valor do solo é calculado considerando as possíveis alternativas de uso, de construção e de utilização.

A deterioração física dos materiais e deterioração funcional fazem parte de um processo natural que pode ser contrariado recorrendo a obras de conservação e de reabilitação, dentro da esfera de controlo do proprietário. Já a depreciação devida à degradação da unidade de vizinhança ou devida a falhas técnicas de projecto e de obra prejudica o proprietário sem que este tenha a mesma capacidade de intervenção. É pertinente atender a esta realidade, tendo em conta que uma das causas mais graves de degradação do património imobiliário, que ameaça o investimento nele feito, está seguramente nas falhas do urbanismo, na falta de mérito da arquitectura e em erros de projecto e de construção. O desenho urbano e a arquitectura, quando bem resolvidos, além de poderem proporcionar a uma comunidade estabilidade e conforto, podem também contribuir para sustentar os valores de mercado dos imóveis, reduzindo substancialmente a sua depreciação.

Os prédios têm uma idade actual e uma idade efectiva. A idade actual corresponde ao número de anos passados desde a conclusão da construção do edifício e constitui uma informação objectiva e relevante para a determinação da idade efectiva, a qual é estimada no processo de avaliação, em função do estado de conservação, da funcionalidade e da qualidade estrutural do edifício, tendo em conta a leitura que o mercado faz sobre o tipo de edifício em análise. A importância destes conceitos advém da necessidade de distinguir prédios idênticos e construídos na mesma data, mas que apresentam taxas de depreciação diferentes, por não terem beneficiado dos mesmos cuidados de conservação, devendo o perito avaliador captar essa realidade, atribuindo-lhes idades efectivas diferentes. A idade efectiva pode ser igual, inferior ou superior à idade actual, consoante o imóvel tenha uma conservação corrente, tenha recebido intervenções de conservação acima da média ou, pelo contrário, tenha sido mal conservado.

O tempo de vida útil corresponde ao período de tempo ao longo do qual uma estrutura edificada ou uma sua componente pode, com grande probabilidade, ser normalmente conservada e manter as suas propriedades funcionais, correspondendo ao fim para que foi construída.

A vida económica de uma construção ou de um edifício inicia-se com a conclusão da obra e termina quando o edifício deixa de sustentar o valor e a utilidade para que foi concebido e deixa de corresponder à melhor e mais rentável utilização do solo que ocupa. Terminado o ciclo de vida económica de um edifício, as alternativas que se apresentam ao proprietário são:

- *Reconversão* do espaço para uma nova utilização – o que se traduz em muito ligeiras obras de adaptação;
- *Reabilitação* – que consiste em fazer obras de restauro e de alterações que melhorem a funcionalidade do edifício e a sua estrutura e expressão arquitectónica;
- *Remodelação* – que consiste numa intervenção mais profunda que, embora aproveite parte da estrutura preexistente, introduz alterações substantivas;
- *Renovação* – que consiste em demolir totalmente o edifício e construir na parcela de terreno livre um novo edifício, a partir de um novo projecto.

Os conceitos de *tempo de vida económica remanescente* e de *tempo de vida útil remanescente* de um imóvel são importantes quando a avaliação do seu valor de mercado está dependente da estimativa de uma série de rendimentos a auferir no futuro, ao longo de um determinado período de tempo. Este método utiliza-se para converter benefícios futuros, associados a um programa concreto de exploração do imóvel, num valor actual estimado do mesmo com base numa taxa aceitável de capitalização do rendimento.

É importante ter em atenção que os benefícios a considerar devem ser líquidos e que, portanto, o seu cálculo é obtido depois de descontadas as despesas com impostos, taxas, manutenção e gestão.

A depreciação de um activo imobiliário, tendo em consideração o seu custo, o tempo de vida útil e o valor residual, pode ser determinada por três métodos de cálculo:

- *Método da depreciação constante*, em que o valor do imóvel decresce a uma taxa constante. É mais usual na ponderação da depreciação para o cálculo do valor fiscal;
- *Método da depreciação acelerada*. Aplica-se nos casos em que o valor do imóvel decresce mais rapidamente nos primeiros tempos de vida e mais lentamente na fase posterior. Esta forma de depreciação ocorre

geralmente em prédios especiais de alta tecnologia que sofrem rápida obsolescência;
- *Método da depreciação desacelerada*, em que o imóvel tem uma depreciação lenta nos primeiros tempos de vida e mais acentuada e rápida no período mais avançado. Aplica-se ao imobiliário que, devido às suas qualidades arquitectónicas, construtivas e à estabilidade dos usos, tem um elevado poder de sobrevivência, sofrendo uma reduzida depreciação ao longo das primeiras décadas de vida e só muito mais tarde, quando surge a necessidade de obras mais profundas de conservação, a depreciação se faz sentir de forma mais expressiva.

5. Alguns problemas de avaliação

5.1. Elementos para uma análise da perequação compensatória

A importância de compreender a perequação compensatória advém das dificuldades acrescidas que se colocam ao avaliador quando estejam em causa imóveis integrados em empreendimentos que constituam unidades operativas sujeitas ao regime da perequação, devido às contradições e indeterminações suscitadas pela configuração legal desta.

A necessidade de um sistema de perequação compensatória nasce com a liberalização dos loteamentos privados a partir de 1965, que teve por consequência um tratamento muito desigual pela Administração Pública dos diversos proprietários, mesmos os de solos urbanizáveis, através da atribuição quase arbitrária do direito de urbanizar e dos respectivos parâmetros de construção. Neste quadro de flagrante desigualdade, surge a perequação, visando distribuir de forma equitativa os benefícios e os encargos de uma operação urbanística entre os proprietários abrangidos por uma unidade de execução.

Note-se que, se a iniciativa de urbanizar e a promoção da urbanização forem uma competência exclusivamente pública, em que a alteração do uso do solo de rústico para urbano implica sempre trazer o solo rústico à posse do Município, procedendo este à urbanização e retendo as mais-valias simples, não tem sentido invocar princípios de redistribuição através de uma perequação compensatória[74].

---

[74] As operações de reparcelamento remontam à reconstrução da Baixa Pombalina. O plano da autoria de Manuel da Maia partia do levantamento da divisão e distribuição da propriedade

Para que o planeamento do território tenha transparência, é fundamental respeitar o princípio da neutralidade dos conteúdos dos planos relativamente às alterações de uso ou de cargas construtivas e de utilizações que deles resultam com reflexos em mais-valias e menos-valias sobre as propriedades.

Longe de assim ser, os planos urbanísticos, tal como estão configurados actualmente em Portugal, legitimam um poder deslocado de uma minoria de proprietários bafejada com o direito de urbanizar e construir em meio urbano, ao mesmo tempo que multiplicam as condicionantes e restrições que simulam um rigor e uma ordem que não produzem quaisquer efeitos na qualificação e na eficiência do ordenamento do território.

Com efeito, a perequação tem pressuposto que os benefícios inerentes à simples alteração do uso do solo rústico, assim como os incrementos de valor associados aos índices de construção, número de fogos e demais utilizações autorizadas revertem integralmente a favor dos proprietários do solo rústico, partindo da premissa de que a faculdade de construir e de edificar é inerente ao direito de propriedade privada de uma forma generalizada, o que não é sustentável, por três ordens de razões:

- Em primeiro lugar, porque o modelo institui uma desigualdade manifesta entre os proprietários não urbanizáveis e urbanizáveis, conferindo a estes últimos vantagem que não tem qualquer correspondência com o seu mérito ou investimento;
- Em segundo lugar, porque se beneficia o proprietário passivo, em detrimento dos agentes activos que intervêm no desenvolvimento do processo urbanístico com investimento, trabalho e correndo risco;

---

antes do terramoto, criando regras de reparcelamento e redistribuição perequativa das novas áreas edificadas definidas no plano, respeitando os direitos de propriedade preexistentes. Há ainda as figuras do parcelamento, reparcelamento ou emparcelamento fundiário agrícola ou florestal, que obedecem a regras próprias e que não se confundem com o reparcelamento urbano. Há aqui uma substancial diferença entre as operações de "reparcelamento" efectuadas em planos de renovação urbana, onde se parte de direitos de construção constituídos e materializados em prédios edificados em meio urbano, que vão ser total ou parcialmente demolidos para dar lugar a uma nova configuração urbana e, consequentemente, a uma nova distribuição dos espaços edificados, e a perequação compensatória em operações urbanísticas de raiz, onde, à partida, predominam os prédios rústicos urbanizáveis.

– Por último, porque prejudica o consumidor final e retira ao Município um dos seus principais instrumentos de obtenção de meios financeiros para controlar a urbanização com qualidade.

A perequação tem o seu primeiro equívoco ao imputar ao proprietário os encargos da urbanização e os benefícios que se configuram como resultado final da mesma operação determinados por estimativas de valores de mercado dos lotes. São aqui confundidos os direitos do proprietário de solo rústico e o direito do promotor aos lucros inerentes à operação empresarial de risco que envolve investimentos (geralmente avultados) e expectativas de lucros, ao mesmo tempo que o direito do Município às mais-valias simples é ignorado.

Numa óptica nacional, os proprietários rústicos deveriam ter todos os mesmos direitos, o que só é possível confinando os seus direitos à actividade agrícola ou florestal e retirando-lhes qualquer prerrogativa de urbanizar e de acesso aos benefícios dela decorrentes. Os interesses privados não devem poder incluir direitos de urbanização e de construção criados de forma discricionária e aleatória por uma decisão administrativa.

Note-se que o planeamento cultiva uma irracionalidade quando estabelece um sistema de perequação que concede aos proprietários direitos de urbanizar. Essa irracionalidade transforma-se em inconstitucionalidade quando os Municípios se vêem obrigados a indemnizar esses presumidos direitos em processo de expropriação, no caso de o proprietário, como frequentemente acontece, se recusar a exercê-los e o Município tiver necessidade imperativa de o fazer (como, em princípio, deve ter), a valor exorbitante e especulativo. Está-se aqui perante uma incongruência estrutural do sistema. Nestas circunstâncias, está-se a premiar a pura expectativa especulativa, numa total negação dos modelos de redistribuição económica eficiente.

As opções públicas de ordenamento territorial devem ser justificadas e proporcionadas, salvaguardando-se os direitos da propriedade privada, reconduzidos à sua real substância. O proprietário do solo rústico urbanizável não deve de modo algum abusar de um poder de quase monopólio para se apropriar das mais-valias simples, em prejuízo do Município, e das margens de lucro do promotor e do sector da construção civil, ademais inflacionando o preço do produto final, em prejuízo das famílias e das empresas.

É necessário que o desencadeamento de mecanismos perequativos de compensação reconheça e desagregue estas variáveis e a sua relação com os interesses dos diversos agentes que intervêm no processo de urbanização. A forma como a perequação actualmente tem sido tratada faz uma agregação excessiva e confusa, considerando apenas os custos e benefícios sempre referidos aos direitos da propriedade.

5.1.1. Mecanismos de perequação

Em termos potenciais, são diversos os mecanismos de perequação, dividindo-se entre técnicas perequativas de benefícios e técnicas perequativas de encargos.

A perequação pressupõe que os prédios da unidade de execução estão disponíveis para a urbanização sob os pontos de vista físico e da gestão. Se um prédio está ocupado por uma actividade que, por qualquer motivo, não permita a sua entrada como capital fundiário para a gestão dos benefícios e dos encargos da operação urbanística, então é necessário considerar a sua singularidade de utilização e avaliar a sua presença no contexto do empreendimento, esclarecendo se lhe é aplicado o índice do plano[75].

Se o prédio está disponível para ser avaliado e contabilizado na gestão global do plano, é necessário determinar os seguintes valores e encargos:

– Valor inicial do prédio antes de se iniciar a operação urbanística, isto é, antes de se iniciar o próprio plano de pormenor e de se determinarem os parâmetros da urbanização. Este valor decorre da dimensão da parcela, do seu uso, da sua localização e das construções existentes ou direitos de construção já constituídos, e entra para a formação do capital da operação de uma forma abstracta, isto é, perdendo a referência objectiva ao prédio que o suporta, sendo esta abstracção que garante a sua efectiva disponibilidade para a gestão;
– Valor da área de construção autorizada resultante da aplicação do índice do plano à área do prédio em causa;

---

[75] Note-se que da aplicação do índice a prédios que têm uma ocupação estabilizada com base em direitos de construção constituídos pode resultar que a construção já existente seja igual, superior ou inferior à do índice. Se a área de construção for igual ou superior à que decorre da atribuição do índice, o proprietário não tem qualquer vantagem em entrar na perequação; se for inferior, poderá eventualmente ter interesse, dependendo dos encargos que forem atribuídos no âmbito da operação urbanística.

- Encargos envolvidos na elaboração dos projectos urbanísticos, na realização das obras de infra-estruturação, no pagamento das licenças e nos custos de administração, fiscalização, financiamento e comercialização.

A atitude mais lógica e pacífica é garantir que todos os prédios integrados na unidade de execução estão igual e absolutamente disponíveis para a gestão económica do plano. Assim, será relativamente fácil proceder à avaliação dos mesmos relativamente à situação de uso e utilização e demais direitos de propriedade relativos a cada um deles à data que antecede a operação urbanística.

O vínculo situacional tem sentido para a determinação do valor inicial dos prédios rústicos ou urbanos antes da operação urbanística. Mais adiante, numa fase mais desenvolvida do processo de gestão perequacionada, terá também sentido observar a localização ou situação de conforto e de enquadramento urbanístico de cada um dos prédios ou fracções que formam o produto final. Há, contudo, que distinguir três operações distintas e independentes.

Em primeiro lugar, a operação incontornável de determinação do valor de rendimento de cada um dos prédios, considerando o uso e a utilização existentes.

Em segundo lugar, abrem-se duas alternativas:

- A eventual fixação de parâmetros urbanísticos diferentes para cada um dos prédios, invocando os respectivos vínculos situacionais. Esta discriminação cria uma complicada, conflituosa e discutível desigualdade entre os proprietários incluídos na operação, sendo uma situação a evitar;
- A atribuição do mesmo índice a todos os prédios integrados na unidade de execução, considerando que nenhum deles tem direito a urbanizar nem a construir e que esse direito é administrativamente concedido por igual à unidade no seu conjunto. Esta segunda via afigura-se preferível.

Se partirmos do princípio de que, à partida, nenhum dos terrenos que integram a unidade de execução tem direitos de urbanização e de construção constituídos e seguindo-se a regra, justa, da aplicação de um índice médio de construção a todo o espaço incluído dentro do perímetro da unidade de execução, resulta que os benefícios e os encargos por metro quadrado da operação urbanística são iguais para todos os proprietários, não havendo lugar a qualquer diferenciação invocando "vínculos situacionais". A única diferença que se irá reflectir na formação das quotas resulta do valor inicial de cada prédio antes da operação urbanística, considerando a sua área e o seu rendimento existentes à data imediatamente anterior à decisão de se proceder ao empreendimento programado no contexto da unidade de execução criada para o efeito.

Na determinação da quota, como logicamente se depreende, o valor adoptado para o metro quadrado da área de construção autorizada é indiferente, na medida em que é neutro relativamente à distribuição das quotas, recorrendo-se a ele fundamentalmente para poder ser somado ao valor inicial, repercutindo o factor área de terreno detido por cada proprietário na determinação da quota. Salvaguarde-se a conveniência de adoptar um valor de área de construção autorizada indexada ao solo urbanizável, ainda sem infra-estruturas, que corresponda a um justo valor de base territorial. Como já se referiu, este valor de base territorial é o único valor que não deve ser entregue ao mercado, mas deve sim ser controlado por uma política de solos conduzida no âmbito do sistema de planeamento do território, tratando-se, portanto, de um valor condicionado pelos comportamentos, critérios, decisões e poderes político-administrativos.

Há uma outra razão de monta para que o valor da área de construção autorizada seja determinado com rigor e com uma correspondência significante na economia real. Essa razão impõe-se quando é necessário alargar a sociedade do empreendimento a outros parceiros que não apenas os proprietários dos terrenos – por exemplo, sócios financiadores que vão entrar para o capital da sociedade. Neste caso é fundamental que o valor da área de construção autorizada seja criteriosamente calculado, já que dele depende a determinação do capital que corresponde à quota de cada proprietário e que terá de ser contabilizado num "todo", onde, para além do capital fundiário, de direitos de construção anteriormente adquiridos, há mais-valias, capital de investimento em numerário e também em espécie ou em serviços prestados.

Observe-se que neste processo perequativo a questão das mais-valias simples nunca é referida, partindo-se de princípio que estas não existem como tais e que fazem parte dos benefícios, não se distinguindo mais-valias simples, lucros e o risco de eventuais prejuízos. Quando se procedeu a uma primeira estimativa do valor da área de construção autorizada estava-se perante um valor composto pelo valor inicial dos prédios integrados na operação urbanística e pelas mais-valias simples.

Definida a quota que cabe a cada proprietário encerra-se a primeira parte do processo perequativo. A segunda parte diz respeito à determinação dos encargos e dos benefícios envolvidos na operação urbanística.

Nos encargos devem englobar-se:

- O valor dos prédios envolvidos na unidade operativa no estado em que se encontram anteriormente à decisão de promover a operação urbanística;
- Os custos dos planos e projectos das infra-estruturas e seu licenciamento;
- Os custos administrativos gerais e os encargos de registo e de impostos;
- Os custos da execução das empreitadas das diversas redes de infra-estruturas e demais obras envolvidas na urbanização;
- Os custos de fiscalização das obras de infra-estruturação;
- Os custos envolvidos no financiamento do empreendimento;
- Os custos de comercialização;
- Os custos imprevistos.

As áreas de cedência só constituem um encargo na medida em que tenham de ser construídas e tratadas e, nesse caso, estão contabilizadas nos custos gerais das obras de urbanização. Algebricamente, não tem sentido estabelecer uma correspondência entre a área da superfície cedida e as quotas de cada proprietário ou sócio da operação. Essa correspondência só tem sentido relativamente aos custos das obras de urbanização, independentemente da dimensão das áreas de cedência.

Os benefícios podem ser contabilizados e distribuídos de diversas formas:

- Através da diferença entre as receitas da comercialização do produto final e os encargos;
- Em espécie, mediante a distribuição de lotes ou fracções, considerando o seu valor, na proporção da quota de cada proprietário, já integrado na operação como promotor;
- A partir da estimativa do valor dos lotes ou das fracções.

5.1.2. O Município e a gestão perequativa

Um novo modelo de perequação que contemple a competência do Município para decidir e coordenar o processo de urbanização e que lhe confira capacidade para proceder à parametrização e retenção a seu favor das mais-valias simples (pelo menos em parte) implica que a autarquia seja, de direito, uma das partes presentes na gestão do empreendimento.

A equação deste processo, face ao seu enquadramento legal actual, suscita as seguintes considerações e questões:

- Os proprietários dos terrenos da unidade de execução têm, à partida e indiscutivelmente, o direito à expropriação, ficando por esclarecer qual o valor de indemnização. É o valor dos terrenos rústicos no estado em que se apresentam na operação urbanística? É o valor desses mesmos terrenos considerando as mais-valias que advêm destes serem urbanizáveis com determinados parâmetros? Tem, necessariamente, de se partir da primeira hipótese e estabelecer uma política de parametrização e distribuição de mais-valias.
- No regime actual, apesar do fundamento constitucional inequívoco, o Município não tem qualquer instrumento directo na lei para chamar a si o direito de parametrizar e reter mais-valias simples, o que quase impossibilita a regulação do mercado imobiliário.
- O processo de perequação actual prevê que os benefícios e os encargos sejam distribuídos entre os proprietários presentes na unidade de execução, porém, e conforme se referiu, o Município deve fazer parte desta "sociedade", podendo impor essa sua participação, tendo em vista a implementação da operação urbanística com base numa perequação compensatória.
- Quando, num plano de pormenor, o Município impõe que, em sede de perequação, uma percentagem dos benefícios venham à sua posse, para além das taxas estabelecidas, tal deverá ser considerado admissível tendo em conta a obrigação global de redistribuição prevista no princípio de igualdade constitucional?
- Se a Câmara Municipal, através de uma sociedade de gestão urbana, e os proprietários dos terrenos da unidade de execução na sua totalidade acordarem livremente constituir uma sociedade para a promoção do empreendimento, neste contexto, serão livres de firmar um acordo social para a distribuição dos encargos e serviços. No caso

de um dos proprietários não querer fazer parte da sociedade, por discordar da presença do Município e do acordo social, não poderá isto pôr em causa todo o processo? Estas barreiras têm de ser ultrapassadas, tendo em vista o primado do urbanismo enquanto competência da esfera pública e a composição de soluções urbanisticamente eficientes.
– Os proprietários de prédios mais pequenos de uma unidade de execução que não tenham confiança nos parceiros, sendo tentados a exigir a expropriação com pagamento em numerário e aplicação dos critérios do actual código de expropriações, podem pôr em causa a viabilidade da operação. Note-se que os valores da expropriação tendem a corresponder às expectativas mais optimistas do negócio. É necessário superar este tipo de bloqueios, salvaguardando-se, porém, a justa indemnização dos proprietários, mas sem captura de valores exorbitantes em mais-valias simples.

Um sistema de perequação ideal deveria recuperar os princípios da Lei de 1944[76], conferindo ao Município o exclusivo da promoção urbanística, podendo ter como parceiros os proprietários e outros investidores, integrados num quadro em que fossem claramente identificadas as prerrogativas do Município como principal promotor e coordenador do empreendimento, os direitos dos proprietários dos terrenos dos prédios rústicos ou mistos e os direitos de outros investidores.

Há, portanto, que conceber o modelo desta parceria, a procedimentalização relativa à criação, parametrização e distribuição de mais-valias simples e a sua clara separação dos lucros ou de eventuais prejuízos da operação, e as regras de gestão, nomeadamente no que diz respeito ao destino dos produtos finais e às formas de os colocar nos mercados de venda e de arrendamento.

Todos os benefícios do Município materializados em espaço edificado de habitação ou serviços nunca deveriam entrar no mercado de venda, mas deveriam, por princípio, destinar-se exclusivamente ao mercado de arrendamento de oferta pública.

---

[76] Decreto-Lei nº 33 921, de 5 de Setembro de 1944.

5.1.3. Prédios previamente configurados e indisponíveis

Se o prédio está ocupado por uma actividade difícil de encerrar ou de deslocar, a ponto de impedir a sua disponibilização para a livre composição do desenho urbano, então este prédio não está em condições de ser normalmente integrado na contabilidade perequativa e terá um valor que se diferencia do quadro geral da perequação.

Se o prédio *ab initio* continuar a ser ocupado pela mesma entidade, mantendo-se na posse do mesmo proprietário, ou a ele novamente vendido ou arrendado por prévio acordo, tal pressupõe uma avaliação singular que se determina de algum modo fora do mercado.

Se o prédio em causa, à partida, possuir já uma área de construção igual ou superior ao índice médio do plano, o seu proprietário dificilmente encontrará razões para se interessar em entrar na operação urbanística e, muito menos, no sistema de perequação. Excepcionalmente, é sempre possível admitir-se a hipótese de o proprietário ter interesse no desenvolvimento da urbanização na perspectiva de gerar mais-valias indirectas, mesmo sem colher qualquer benefício em acréscimo de área edificatória. Contudo, tal interesse dificilmente chegará ao ponto de levar o proprietário a disponibilizar-se para participar nos encargos. No caso de haver inconvenientes para o desenho urbano, teria de se proceder à expropriação com justa indemnização, o que reporta para uma outra esfera de negociação que transcende a simples perequação.

Quando dentro da unidade de execução sujeita a um plano de pormenor, existem terrenos (parcelas ou lotes) com direitos de construção já constituídos e que não se prevê que venham a ser incrementados, é então necessário distinguir, para efeitos da perequação compensatória, estes prédios, que já têm um estatuto urbano, dos terrenos rústicos, que vão efectivamente ser objecto de operação de urbanização e que irão beneficiar do índice de construção atribuído pelo plano.

Nestas circunstâncias, é normal acontecer que os prédios urbanos previamente constituídos venham a beneficiar de mais-valias indirectas e mesmo de serviços decorrentes da construção das redes gerais e locais de infra-estruturas e serviços. No entanto, dado o facto de os prédios em causa se encontrarem estabilizados e, portanto, não dependentes de qualquer licenciamento de construção ou utilização, não é fácil submetê-los a qualquer encargo directo no quadro da perequação. Quando muito, poder-se-á em sede de regulamento do plano calcular os encargos correspondentes aos benefícios da urbanização que revertem para estes prédios urbanos e condicionar a emissão de futuras licenças de construção, reabilitação ou renovação ao pagamento das taxas correspondentes a tais benefícios. Poder-se-á ainda contemplar um "imposto de mais-valias" específico para estes prédios, com finalidade redistributiva[77], considerando que o respectivo acréscimo de valor surgirá aquando de futuras transacções dos mesmos no mercado.

Pode-se, assim, dentro da unidade de execução do plano de pormenor, proceder a uma diferenciação zonal e predial da perequação compensatória distinguindo os prédios rústicos ou mistos dos prédios que, para todos os efeitos, possam ser assumidos como lotes urbanos com direitos de construção e utilização previamente já constituídos.

A perequação compensatória visa um tratamento igual de todos os proprietários dos terrenos integrados na unidade de execução, ignorando a questão das mais-valias simples.

Quando o Município se propõe avançar com um plano de pormenor para uma unidade de execução, a implementar com base numa gestão perequacionada, podem ocorrer três tipos de situações:

- Todos os proprietários firmam um acordo de gestão onde os terrenos ficam completamente disponíveis para implementar o plano. Os proprietários asseguram o financiamento dos encargos de urbanização e, como benefício, recebem lotes infra-estruturados ou mesmo edificados, fracções de edifícios, dinheiro proveniente das vendas do produto final ou participações num eventual fundo imobiliário, na proporção correspondente à quota a que têm direito;
- Os proprietários são um grupo muito diversificado com interesses e expectativas e capacidades financeiras muito contrastadas, podendo alguns deles, além de proprietários, eventualmente ser também construtores e promotores. Nessas circunstâncias, os pequenos proprietários, menos experientes, prudentemente, serão tentados a invocar o direito à expropriação, recusando-se a entrar na operação que lhes exija investimento em capital com elevado risco. Acresce que nas circunstâncias actuais, a indemnização correspondente à expropriação de um solo rústico urbanizável tem elevadas probabilidades de ser superior

---

[77] Cfr. LOBO, Carlos Baptista – *Lei do Solo. Aspectos Financeiros e Fiscais*. Lisboa: DGOTDU, 2011 (no prelo).

às melhores expectativas de lucro da operação urbanística. Qualquer outra opção envolveria investimento e riscos, maiores ou menores em função do tipo de participação social acordada, que estes proprietários não controlam;
- A Câmara Municipal aprova o plano de pormenor para a unidade de execução com efeitos registrais e recorrendo à figura da imposição administrativa. Este é um caminho quase desconhecido, com elevados riscos para o Município, já que quase fatalmente terá de entrar num processo de expropriação forçada onde será obrigado a pagar pelos terrenos o valor decidido em tribunal, fundamentado nos critérios de avaliação que decorrem do Código das Expropriações, segundo o qual as faculdades de construção e utilização que o plano de pormenor em vigor confere aos prédios são determinantes para a estimativa do valor.

Em síntese, pode concluir-se que a avaliação da propriedade envolvida em processos perequativos é complexa e requer um aturado estudo interpretativo dos planos, do perfil dos proprietários e do comportamento de todas as entidades envolvidas, nomeadamente da capacidade administrativa do Município. É também importante uma avaliação económica e financeira do plano de negócios do empreendimento. O perito avaliador deve distinguir:
- A avaliação dos prédios no seu estado inicial, antes de serem configuradas quaisquer expectativas ou direitos de urbanização;
- A avaliação dos prédios rústicos urbanizáveis com os parâmetros e utilizações definidos em plano de pormenor;
- A qualidade do plano e, se possível, da arquitectura conceptualizada a partir dele;
- A expectativa de encargos e de receitas envolvidos na urbanização, de modo a permitir um cálculo previsional dos lucros esperados e do ritmo a que serão realizados ao longo do tempo;
- O grau de incerteza e de riscos relativos à execução do plano, ao seu financiamento, à sua comercialização e à confiança e harmonia entre as entidades associadas na sua realização.

5.2. A propriedade de lotes em urbanizações abandonadas
Encontram-se no país muitas urbanizações cujos promotores venderam lotes a proprietários que construíram aí edifícios sem que as infra-estruturas

tenham sido realizadas. Encontramo-nos aqui perante imóveis que resultam de operações de loteamento falhadas.

A Lei de 1965[78], que liberalizou os loteamentos permitindo que fossem promovidos na esfera da iniciativa privada, veio possibilitar, até hoje, que o promotor de uma urbanização imediatamente após a obtenção do alvará de loteamento e das licenças de construção das infra-estruturas procedesse ao registo dos lotes da nova divisão fundiária e à inscrição dos prédios na matriz predial urbana. Note-se que a partir do momento em que é feita a inscrição dos lotes, com base na licença de loteamento, há uma "garantia" (de Estado e de Direito) que configura as prerrogativas da propriedade desses lotes, contemplando os respectivos direitos de construção e de utilização. Neste quadro, o promotor pode, porque a lei lho permite, proceder de imediato à alienação de todos os lotes, colocando-os no mercado livre. Por sua vez, os adquirentes dos lotes ou mesmo o próprio promotor podem apresentar projectos para a construção dos edifícios obtendo as suas licenças e procedendo à sua construção.

Pode acontecer (e, infelizmente, acontece) o urbanizador ter os lotes vendidos a proprietários que, de boa-fé, constroem sem se terem iniciado e, muito menos, terminado as infra-estruturas, ficando os edifícios numa situação crítica, sem ligação às redes básicas. Esta disfunção urbana ocorre desde os finais dos anos 60 e caracteriza-se por uma desresponsabilização aberrante do promotor da urbanização, cuja "responsabilidade" se limita à prestação de uma caução que, em princípio, deveria cobrir os encargos com a realização das infra-estruturas básicas. Ao longo de um período de forte inflação monetária estas cauções foram erodidas, sendo muitas actualmente insignificantes face aos custos das obras de infra-estruturação.

O Regime Jurídico da Urbanização e da Edificação, revisto em 2007 e em 2010, transfere em boa parte essa responsabilidade para os proprietários dos lotes, desresponsabilizando ainda mais o urbanizador e o Município.

A Câmara Municipal é formalmente responsável pelo completamento da infra-estruturação. Contudo, na realidade, os Municípios não têm capacidade financeira para actuar nestas situações. É muito questionável o sentido prático e de Direito de transferir para os proprietários que compraram lotes a incumbência de completar as infra-estruturas da urbanização inacabada e abandonada pelo promotor.

---

[78] Decreto-Lei nº 46 673, de 29 de Novembro de 1965.

Recorrentemente, surge na comunicação social a ameaça de que se vão "cassar" os alvarás destas urbanizações-fantasma, sem se especificar o que vai efectivamente acontecer e em que medida vão ser respeitados os direitos dos proprietários que, de boa-fé, compraram lotes.

Vem esta questão a propósito do melindre de que se reveste a avaliação destas propriedades. A confusão e as incertezas que caracterizam estas propriedades tornam difícil, se não impossível, qualquer avaliação imobiliária suficientemente conclusiva. Estas situações remetem para a interpelação do legislador no sentido de corrigir erros formados e cultivados pela lei.

A correcção desta situação passa por:

- Voltar a conferir aos Municípios o exclusivo dos projectos e das obras de urbanização com base em planos de urbanização à escala do bairro;
- Os lotes só poderem ser registados e vendidos depois de as infra-estruturas que os servem especificamente estarem realizadas e operacionais;
- Resolver os atrasos na realização dos planos e garantir a correcta execução das obras de urbanização. Esta morosidade encarece todo o processo. Os custos de contexto do procedimento administrativo têm sido uma causa não negligenciável do agravamento dos custos do solo urbanizado e das perdas de rentabilidade do sector da construção civil.

A imprevisibilidade da conclusão de um processo de licenciamento cria uma incerteza que o perito avaliador dificilmente pode superar de modo a estimar com o mínimo de segurança o valor de investimento de empreendimentos sujeitos a tramitações que dependem de pareceres técnicos vinculativos de resultados indeterminados.

NOTA FINAL

É pouco provável que o negócio do imobiliário volte a proporcionar as margens de lucro que se verificaram entre 1960 e 2008.

Neste período, o investimento na compra de terrenos e de edifícios – principalmente em zonas de elevada procura, como o Algarve, áreas metropolitanas de Lisboa e do Porto, perímetros das cidades médias, montes no Alentejo, casas ao longo da orla costeira – foi compensador e serviu de alavanca a um crescimento alicerçado no crédito hipotecário e no consumo, sem sustentação numa base produtiva. Muitos proprietários endividaram-se para comprar imóveis com o único intento de os manter devolutos e de os vender com grande margem de lucro passados uns meses ou uns anos, confiando que a sua valorização seria francamente superior à dos encargos financeiros contraídos para a sua aquisição.

Como afirma Stiglitz, «*toda a bolha especulativa chega ao fim; normalmente, há dinâmicas internas que ocasionam a sua própria destruição. Nas bolhas do imobiliário, por exemplo, os preços elevados levam a mais investimento no imobiliário e, eventualmente, não pode evitar-se o desencontro entre uma maior oferta e uma menor procura causada pela subida constante dos preços (...). Quando os preços sobem continuamente, torna-se cada vez menos plausível que a taxa de crescimento possa sustentar-se*».

Presentemente, e no futuro, sem uma política reguladora do preço do solo no mercado imobiliário, acentuar-se-á a variação dos comportamentos da oferta de zona para zona e, tendencialmente, poderá verificar-se uma retracção na expectativa de que seja ultrapassado o período de crise. No caso das zonas mais centrais, observa-se mesmo um agravamento do custo do solo, em concomitância com a retracção da oferta.

Neste quadro, é fundamental uma nova Lei do Solo que promova reformas estruturais visando a optimização do mercado imobiliário e onde assumem particular relevo as referências que informam as prerrogativas da propriedade, a definição e formação dos valores do solo, assim como o âmbito, os critérios e os procedimentos da expropriação por utilidade pública.

Os estudos sobre o mercado imobiliário e sobre a economia do território em geral devem tratar, entre outras, das seguintes questões:

- Até que ponto a propriedade de prédios urbanos está a ficar cada vez mais refém dos poderes económicos de quem detém e explora as redes de infra-estruturas urbanas públicas que, por natureza, se constituem como monopólios naturais?
- Em que medida a formação do preço do solo rústico de uso florestal e agrícola é afectada pelas políticas conjunturais de subsídios praticados nestes sectores, em particular nos casos em que os critérios de atribuição dos subsídios estão desligados da produção?
- Que influência tem o regime de tributação do património imobiliário sobre o próprio direito da propriedade privada, a formação do valor dos imóveis e o comportamento do mercado?
- O que se poderá fazer de imediato para proporcionar maior informação aos agentes de mercado, de modo a tornar as suas decisões mais seguras e racionais e a dinamizar as transacções, em particular dos prédios abandonados e em estado de ruína?
- Como estruturar uma política de informação, transparência e avaliação fundamentada e esclarecedora estimulando os proprietários a conferir um sentido útil aos seus prédios, mantendo-os em bom estado de conservação no sentido de colher daí rendimentos sempre que não sejam eles próprios os seus utilizadores directos?
- A clarificação do estatuto dos prédios rústicos e a procedimentalização dos direitos de urbanizar como competência eminentemente municipal, de forma explicitamente distinta do direito de construir, é uma exigência fundamental para conferir transparência e rigor ao mercado fundiário.

A formação do perito avaliador deve conferir-lhe um estatuto profissional à altura das competências e responsabilidades que lhe são confiadas, plasmadas num código deontológico e reconhecidas por uma acreditação. A avaliação é uma operação analítica feita numa base de multicritério, observando os fundamentos da lógica económica subjacente à apropriação e utilização do território.

BIBLIOGRAFIA

ALONSO, William – *Location and Land Use: Toward a General Theory of Land Rent.* Cambridge, Massachusetts: Harvard University Press, 1965.

AMARAL, Diogo Freitas do; OTERO, Paulo; SOUSA, Marcelo Rebelo de; CORREIA, José Manuel Sérvulo; GOUVEIA, Jorge Bacelar de; PIMENTEL, José Menéres – *Direito do Ordenamento do Território e Constituição (A Inconstitucionalidade do Decreto-Lei nº 351/93, de 7 de Outubro).* Lisboa: Associação Portuguesa de Promotores e Investidores Imobiliários, 1998.

AMARAL, Diogo Freitas do – *Sumários de Direito do Urbanismo.* Edição policopiada. Lisboa: AAFDL, 1993.

AMARAL, Diogo Freitas do – "Apreciação da Dissertação de Doutoramento do Licenciado Fernando Alves Correia". *Revista da Faculdade de Direito da Universidade de Lisboa,* Vol. XXXII: 91-105, 1991.

ANDERSON, Phillip J. – *The Secret Life of Real Estate and Banking.* London: Shepheard-Walwyn, 2009.

ANDRADE, José Robin de – *A Revogação dos Actos Administrativos.* 2ª edição. Coimbra: Coimbra Editora, 1985.

APPRAISAL INSTITUTE – *The Appraisal of Real Estate.* 13th edition. Chicago: Appraisal Institute, 2008.

ARAÚJO, Fernando – *Introdução à Economia.* Vol. II. 2ª edição. Coimbra: Almedina, 2004.

ARAÚJO, Fernando – *Introdução à Economia.* Vol. I. 2ª edição. Coimbra: Almedina, 2003.

ASCENSÃO, José de Oliveira – "O Urbanismo e o Direito de Propriedade". *Direito do Urbanismo*: 319-344, INA, 1989.

BARROS, Henrique de – *O Método Analítico de Avaliação da Propriedade Rural.* Lisboa: Ministério da Economia, Direcção Geral dos Serviços Agrícolas, Serviço Editorial da Repartição de Estudos, Informação e Propaganda, 1943.

BEZELGA, Artur A.; LEITÃO, A. Borges; CAMPOS, M. Reis – *Avaliação. Novas Perspectivas. Qualidade e Responsabilidade na Avaliação.* 2º Congresso Nacional de Avaliação no Imobiliário. Porto: Associação Portuguesa de Avaliações de Engenharia (APAE) e Vida Imobiliária, 2000.

BOUCHER, Bruce – *Palladio. De Venise A La Vénétie.* Paris: Citadelles & Mazenod, 1993.

BROWN, H. James – "Henry George's Contributions to Contemporary Studies of Land Use and Taxation". *Land Use and Taxation: Applying the Insights of Henry George* 1-5. Lincoln Institute of Land Policy, 1997

CANOTILHO, José Joaquim Gomes; Moreira, Vital – *Constituição da República Portuguesa Anotada. Vol I.* Coimbra: Coimbra Editora, 2007.

CARVALHO, João Manuel – *Planeamento Urbano e Valor imobiliário. As Parcerias Público-privado: Teorias, Metodologia, Potencial.* Lisboa: Principia, 2005.

CAUPERS, João – "Estado de Direito, Ordenamento do Território e Direito de Propriedade". *Revista Jurídica do Urbanismo e do Ambiente* 3: 87-115, Almedina, 1995.

CHOAY, Françoise – *O Urbanismo*. 5ª edição. Lisboa: Perspectiva, 2003.

CORDEIRO, António Menezes – *Direito da Economia.* 3ª Reimpressão. Lisboa: AAFDL, 1994.

CORDEIRO, António Menezes – "Evolução Juscientífica e Direitos Reais". *Revista da Ordem dos Advogados* 45 (I): 71-112, 1985.

CORREIA, Fernando Alves – *Manual de Direito do Urbanismo. Vol I.* Coimbra: Almedina, 2001.

CORREIA, Fernando Alves – *O Plano Urbanístico e o Princípio da Igualdade.* 2ª Reimpressão. Coimbra: Almedina, 2001.

CORREIA, Paulo V. D. – *Políticas de Solos no Planeamento Municipal.* Lisboa: Fundação Calouste Gulbenkian, 1993.

DUARTE, Rui Pinto – *Curso de Direitos Reais.* Cascais: Principia, 2002.

ECKERT, Joseph K. (ed.) – *Property Appraisal and Assessment Administration.* Chicago: International Association of Assessing Officers, 1990.

FERREIRA, Eduardo Paz – *Direito da Economia.* Lisboa: AAFDL, 2001.

FIGUEIREDO, Ruy – *Manual de Avaliação Imobiliária.* 3ª edição. Lisboa: Vislis Editora, 2007.

FRANCO, António L. de Sousa – *Finanças Públicas e Direito Financeiro. Vol. I e II.* 4ª edição/11ª Reimpressão. Coimbra: Almedina, 2007.

GAFFNEY, Mason; HARRISON, Fred – *The Corruption of Economics.* London: Shepheard-Walwyn, 1994.

GARCÍA-BELLIDO, Javier; SANTOS DÍEZ, Ricardo; JALVO MÍNGUEZ, Joaquín – *Práctica de la Reparcelación. Ejemplos Y Modelos.* Madrid: Instituto de Estudios de Administración Local, 1987.

GARCÍA DE ENTERRÍA, Eduardo; PAREJO ALFONSO, Luciano – *Lecciones de Derecho Urbanístico.* Madrid: Editorial Civitas, 1979.

GEORGE, Henry – *Progress and Poverty.* New York: Robert Schalkenbach Foundation, 1997.

GONZÁLEZ-BERENGUER URRUTIA, José Luis – *La Financiación del Urbanismo y el Precio de los Terrenos.* Madrid: Editorial Montecorvo, 1997.

GRANELLE, Jean-Jacques – *Économie Immobilière. Analyses et Applications.* Paris: Economica, 1998.

GUIGOU, Jean Louis – *La Rente Foncière: Les Theories et leur Evolution Depuis 1650.* Paris: Economica, 1982.

HABERMAS, Jürge – *Mudança Estrutural da Esfera Pública.* Rio de Janeiro: Edições Tempo Brasileiro, 1984.

HARVEY, David – *The Limits to Capital.* London/New York: Verso, 2006.

LADD, Helen E. – *Local Government Tax and Land Use Policies in the United States. Understanding the Links.* Cheltenham, UK/Northampton, MA, USA: Edward Elgar, 1998.

LEFEBVRE, Henry – *The Urban Revolution.* Minneapolis/London: University of Minnesota Press, 2003.

LOBO, Carlos Baptista – *Lei do Solo. Aspectos Financeiros e Fiscais.* Lisboa: DGOTDU, 2011 (no prelo).

LOBO, Carlos Baptista – "A Tributação do Urbanismo no Quadro do Desenvolvimento Sustentável". *15 Anos da Reforma Fiscal de 1988/89. Jornadas de Homenagem ao Professor Doutor Pitta e Cunha*, Associação Fiscal Portuguesa, Instituto de Direito Económico, Financeiro e Fiscal da Faculdade de Direito de Lisboa, Almedina, 2006.

LOBO, Carlos Baptista – "Imposto Ambiental. Análise Jurídico-Financeira (continuação do número anterior)". *Revista Jurídica do Urbanismo e do Ambiente* 3: 11-65, Almedina, 1995.

LOBO, Carlos Baptista – "Imposto Ambiental. Análise Jurídico-Financeira". *Revista Jurídica do Urbanismo e do Ambiente* 2: 11-50, Almedina, 1994.

LOPES, António Simões – *Introdução à Economia Urbana.* Lisboa: Fundação Calouste Gulbenkian, 2010.

LOPES, António Simões – *Desenvolvimento Regional. Problemática, Teoria, Modelos.* 5ª Edição. Lisboa: Fundação Calouste Gulbenkian, 2001.

LÖSCH, August – *The Economics of Location.* 2ª edição. New Haven/London: Yale University Press, 1954.

MACHETE, Rui Chancerelle de – "Constitucionalidade do Regime de Caducidade Previsto no Decreto-Lei nº 351/93, de 7 de Outubro (Parecer)". *Revista Jurídica do Ambiente e Urbanismo* 3: 241-260, Almedina, 1995.

MARX, Karl – *Le Capital. Livre Troisième. Tome III.* Paris: Editions Sociales, 1971.

MOREIRA, Álvaro; FRAGA, Carlos – *Direitos Reais: segundo as prelecções do Prof. Doutor C.A. da Mota Pinto ao 4º Ano Jurídico de 1970-71.* Coimbra: Almedina, 1971.

MUSGRAVE, Richard A; MUSGRAVE, Peggy B. – *Public Finance in Theory and Practice.* 5th edition. McGraw-Hill, 1989.

OLIVEIRA, Mário Esteves de – "O Direito de Propriedade e o *Jus Aedificandi* no Direito Português". *Revista Jurídica do Urbanismo e do Ambiente* 3: 161-164, Almedina, 1995.

O'SULLIVAN, Arthur – *Urban Economics.* 7th edition. McGraw-Hill, 2008.

PARDAL, Sidónio (coord.) – "Tributação do Património e das Grandes Fortunas". *Relatório do Grupo para o Estudo da Política Fiscal. Competitividade, Eficiência e Justiça do Sistema Fiscal*: 345-472, Ministério das Finanças e da Administração Pública, Secretaria de Estado dos Assuntos Fiscais, 2009.

PARDAL, Sidónio – *A Apropriação do Território. Crítica aos Diplomas da RAN e da REN.* Lisboa: Ordem dos Engenheiros, 2006.

PARDAL, Sidónio (coord.) – "Contribuição Autárquica. Impostos de Sisa, Sucessões e Doações e Mais-Valias (estudo realizado pelo GAPTEC da Universidade Técnica de Lisboa em conjunto com a Secretaria de Estado dos Assuntos Fiscais – Ministério das Finanças)". *Ciência e Técnica Fiscal* 384: 81-186, Ministério das Finanças, Direcção Geral das Contribuições e

Impostos, Centro de Estudos Fiscais, 1996.

PONSARD, Claude – *Économie et Espace. Essai d'Intégration du Facteur Spatial dans l'Analyse Économique*. Paris: SEDES, 1955.

RICARDO, David – *Princípios de Economia Política e de Tributação*. Lisboa: Fundação Calouste Gulbenkian, 1983.

SÁNCHEZ GOYANES, Enrique (director) – *Ley de Suelo. Comentario Sistematico del Texto Refundido de 2008*. Madrid: La Ley, 2009.

SANTOS, António Carlos dos; GONÇALVES, Maria Eduarda; MARQUES, Maria Manuel Leitão – *Direito Económico*. Coimbra: Almedina, 2004.

SMITH, Adam – *An Inquiry into the Nature and Causes of the Wealth of Nations*. Vols. I e II. Oxford: Clarendon Press, 1976.

SOUSA, Marcelo Rebelo de – "Parecer sobre a Constitucionalidade das Normas Constantes do Decreto-Lei nº 351/93, de 7 de Outubro (Regime de Caducidade dos Actos de Licenciamento de Obras, Loteamentos e Empreendimentos Turísticos)". *Revista Jurídica do Urbanismo e do Ambiente* 1: 131-148, Almedina, 1994.

STIGLITZ, Joseph E. – *Os Loucos Anos 90. A Década Mais Próspera do Mundo*. Lisboa: Terramar, 2003.

STRONG, Ann Louise – *Private Property and the Public Interest: the Brandywine Exrience*. Baltimore: Johns Hopkins University Press, 1975.

THE ROYAL INSTITUTION OF CHARTERED SURVEYORS (RICS) – *RICS Appraisal and Valuation Manual*. London: RICS Books, 1995.

VICKREY, William – *Public Economics: Selected Papers*. Cambridge/New York: Cambridge University Press, 1997.

YOUNGMAN, Joan – *Legal Issues in Property Valuation and Taxation: Cases and Materials*. Chicago: International Association of Assessing Officers, 1994.